沙因谦逊
领导力丛书

HUMBLE
INQUIRY

The Gentle Art of
Asking Instead of Telling (Second Edition)

谦逊的问讯

以询问开启
良好关系的艺术

〔原书第2版〕

[美]
埃德加·沙因
(Edgar H. Schein)

彼得·沙因
(Peter A. Schein)

著

张锦辉 译

机械工业出版社
CHINA MACHINE PRESS

北京市版权局著作权合同登记 图字：01-2023-0536 号。

图书在版编目（CIP）数据

谦逊的问讯：以询问开启良好关系的艺术：原书第 2 版 /（美）埃德加·沙因（Edgar H. Schein），（美）彼得·沙因（Peter A. Schein）著；张锦辉译 . —北京：机械工业出版社，2024.2

书名原文：Humble Inquiry: The Gentle Art of Asking Instead of Telling（Second Edition）

ISBN 978-7-111-75083-3

I.①谦…   II.①埃… ②彼… ③张…   III.①心理交往   IV.① C912.11

中国国家版本馆 CIP 数据核字（2024）第 037942 号

机械工业出版社（北京市百万庄大街 22 号   邮政编码 100037）
策划编辑：李文静   责任编辑：李文静   崔晨芳
责任校对：王乐廷   丁梦卓   闫   焱   责任印制：郜   敏
三河市宏达印刷有限公司印刷
2024 年 4 月第 1 版第 1 次印刷
147mm×210mm · 5.875 印张 · 3 插页 · 93 千字
标准书号：ISBN 978-7-111-75083-3
定价：79.00 元

电话服务   网络服务
客服电话：010-88361066   机 工 官 网 www.cmpbook.com
　　　　　010-88379833   机 工 官 博 weibo.com/cmp1952
　　　　　010-68326294   金 书 网 www.golden-book.com
封底无防伪标均为盗版   机工教育服务网 www.cmpedu.com

————

致所有医护人员和医疗卫生系统管理人员，

感谢他们在新冠病毒感染期间为了
保护我们不辞辛劳地工作。

推荐序

为人之道

翻译是个创作过程，让人战战兢兢。极有思想的作者、富有创见的著作、新颖的概念，让你认得、（认为）懂得却"lost in translation"（迷失于翻译中）。此中有真意，欲辨已忘言。比如我经常将其作为领导力必读书推荐的《小王子》一书中的法语"apprivoiser"，英文用了"tame"，这在汉语中有"驯养""驯服""驯化""羁绊"之意。再比如，随着欧美对中国经济与管理特殊性的兴趣提升，"guanxi"作为一个外来词直接进入英文管理研究的厅堂，而摒弃了曾经译者以"relationship""network"或者"special connection"来概括的努力。"变革型领导"作为"transformational leadership"的译法似乎已经得到了公认，但这里的"变革"与科特"领导即变革"之中的"变革"有无不同？伯恩斯所开启的对"transactional"与"transformational"的比较，究竟是之于事（业），还是之于人（们）？

仅仅是语言维度上的严格精准的翻译，并不能排除造成更大范围的误读误伤。譬如，在不同的文化中，词语各有其褒贬。以"交易"来说，将"transactional leadership"译为"交易型领导"，就已然具有了某种判决的效力。2002年翻译"leading quietly"之时，"沉静"尚不是个管理学大词，译成"默默领导"就少了在策略上的质感。个体主义还是个人主义，不仅是个译法的问题，还直接影响到伦理上是否有立场上的正当性。社区、社群，乃至于共同体，都来自"community"一词，却需要悉心区分，毕竟在中文语境下，就不自觉地呈现出是着眼于场所、平台，还是看重活跃于之上的人，甚或对人群是否有机建构关系所做出的判断。而德鲁克赋予管理学以 Liberal Arts（博雅器识）的温度属性，却又一次让这个在教育学界众说纷纭的词语激荡起管理学者的层层脑波。

我既不是为译者们诉苦——向坦诚直陈"我们翻译不了德鲁克"的同道致敬，也并不认为就得有个标准答案、一致意见。让讨论继续、衍化，推敲本身就有积极的意义。难言，多因为与人文相关，与文化相融，与时代相嵌。难言，是因为你不肯忍痛割舍原来的绝妙。于是，人们参照着不甘舒服下咽的译法，也正是在体会着人文的复杂，参看着不同的文化，深化着对时代的理解。济慈所说的"negative capability"（负容力），是承载容纳；人能够安于不确定、神秘与怀疑，而非性急地追求事实和原因，悦纳难言；或是如菲茨杰拉德所说，头脑中能同时存在两种相反的想法而仍保持行动能力，以智涵知。难言、误会，正体现着深刻的人文性、人与文的丰富性；意会与言传之间的"lost in translation"，更体现出人性、人无法被机器（轻易）替代的价值。

这就说到了人的价值，如果你当管理学是博雅学问，是优先修养器识而非兀自训练的技能，那么人的价值应该就在管理目标的核心。只是沉浸于高新技术和细节中，人的价值不知不觉地就被管理的各种目标函数忘却了。在管理学院中，即使名字里带着"人"字的课程，也恐怕更多关注的是人力作为一种资源的价值，而非人的价值、人自身的价值。许多高超、漂亮的定量研究，都以公司的股价变化，以及市场占有率、利润或财富的增减来衡量某种管理工具、管理方式是否有效并值得推广。这不由得让我想起了《小王子》中的一段话：

这些大人就爱数字。

当你对大人们讲起你的一个新朋友时，他们从来不向你提出实质性的问题。

他们从来不讲："他说话声音如何啊？他喜爱什么样的游戏啊？他是否收集蝴蝶标本呀？"

他们却问你："他多大年纪呀？弟兄几个呀？体重多少呀？他父亲挣多少钱呀？"

他们以为这样才算了解朋友。如果你对大人们说："我看到一幢用玫瑰色的砖盖成的漂亮的房子，它的窗户上有天竺葵，屋顶上还有鸽子……"

他们怎么也想象不出这种房子有多么好。

必须对他们说："我看见了一幢价值10万法郎的房子。"那么他们就惊叫道："多么漂亮的房子啊！"

"实质性的问题"！这些被想着干许多大事、算着许多大账的"大人们"丢失掉的对这些"实质性的问题"的关心，却正是沙因教授这几十年来研究、咨询、教学的重心。他的著作中没有那么多的数字，没有截面数据或大规模问卷调研，他只是以冷静耐心的态度，以医者仁心的立场，娓娓道来一个又一个他花了几年、十几年功夫深入其中的组织故事，以及他从这些故事中洞察抽象出来的概念、模型。他关心因为组织起来而更有效率的人们，如何克服因此而形成的组织与个体的诸多对立；他关心组织所形成的心智模式、基本假设，如何不因其司空见惯而发展到某一天的岌岌可危。他像是管理学者群落中的安迪·杜佛兰（Andy Dufresne），由衷地想要知道第一夜就没熬过去的狱友的名字，拒绝以编号来称呼失去人身自由的每一个"人"，并超然无我地鼓励大家抱持对自由的守望。

德鲁克的 Liberal Arts（博雅器识），麦格雷戈的 Human Side（人性面），沙因的 Personization（人心化），都是在提醒管理者在达成组织外在目标的同时，要看到组织这个森林里仍然有着一棵棵活生生的独特"树木"，而不是以木材生产的流水线标准去计算不同组织成员的价值。这是组织的"实质性的问题"。

管理工作对于整个社会的贡献，不只是基于组织这个整体而言的。管理工作的重要产出（之一），常被作为副产品或根本不作为产出品的，是管理中人与人之间的关系，是这些关系因为管理工作而产生的变化——正向的、健康的、开放的、信任导向的、可持续的，抑或是负向的、病态的、防御的、博弈导向的、破坏性的。这些关系无论是发生在组织内部，还是组织之间，是上下级或是平级，长期的或是阶段性的，公开的或者隐秘的，如果我们透过组织这层皮囊透视过去，就都是社会中的个体之间的关系，在动态演化中，如涟漪般，进一步地波及社会中的其他个体、群体（通过他所扮演的其他社会角色的人际交互）。

这就像是《公共汽车咏叹调》中的众生。如怀特笔下的组织人（The Organization Man），也是社会人，组织不是他的全部，他对社会的影响超过组织的边界和组织角色的局限。在这种考量下，组织成员之间的关系，或因为管理工作而发生的关系变化，并非只是组织内务，而都有其重要的外部性、社会价值。毕竟，一个人的职业角色无法与他的其他社会角色、家庭角色分割、分隔。Transaction 中的双方，究竟算交道、交易还是交情？领导与追随，是驭人统率还是相互成就？咨询与问讯，怎样才是诚恳，如何才算够专业？帮助如何才能得体合宜，帮助者怎样才不会变成精神上的侵入者、关系上的操纵者，帮助本身如何不混杂道德劫持？是着眼于问题的权宜解决还是人间的扶持提携？这些问题，也许不是如何让组织更高效运行的管理问题，不好用算法去优化求极值，却关乎着组织、社会和人的未来。领导、咨询、问讯、帮助，应该也是改善、造福社会和人生的方式。毕竟，生活与工作的丰盈，关系其实是重要基础。

关系真的是一门大学问，但不是功利性的关系学，只将人以及人与人的关系当作工具；人是目的，关系本身已是价值自在；不是出于Just-in-time（即时）的应激或者Just-in-case（有备无患）的算计而缔结关系，而是Just-in-joy（乐在其中）、Just-in-belief（出于人性），甚至Just-into-you（想想《小王子》中的"apprivoiser"）。为（wéi）人的目的，依然是为（wèi）人。若非如此，目的扭曲的种子长不出正直的果实。耗费心力的关系技巧，不管多么机巧地利用着、勾引着、放大着人性的弱点，不过是甘愿被物欲奴役，让事（物、财、绩）的价格高企，让人之为人的价值蒙尘。是的，在管理者越来越精妙的效率竞赛中，事而非人、价格而非价值成了目的与核心，成了攻略的胜负手。这些"guanxi"或是"network"，成了人脉而非人心，与信任、开放的关系背道而驰，终不得安宁。

也许你会好奇，沙因（父子）为什么将这一系列以Humble（谦逊）作为主题？这是不是一种新研发出来的以退为进、佯弱胜强的新领导力秘籍、咨询策略、问讯技巧，或是寻求帮助的敲门砖？不，不是的。

当然，谦逊正反映着沙因教授的本色性格，他真是个不争之人——沙因不争万物立，海能卑下众水归。细沙不争，万物立在其上；大海卑下，众水归入其中。2004年我写过《沙因老头》的故事，说过这位大师前辈的逸事，有兴趣可寻来看。而在这个系列中，我的体会是，沙因所突出强调的谦逊，不是故作姿态的低调，不是策略性的示弱，而是对组织成员各具特色、各擅胜场的尊重，是对知识与判断力在组织中以分布式呈现的理解，更是对世俗意义上的各个居高临下的角色（领导者、咨询顾问、问讯者、帮助者）的一种特别提醒与反正。"不自见，故明；不自是，故彰；不自伐，故有功；不自矜，故长。"自然而然，平等待人，敬畏专业，止于至善。在这种对谦逊的强调之中，蕴含着对人与关系的珍视，以谦逊作为界定、修饰的领导力、咨询、问讯与帮助，人与关系就必须放在目标函数中，作为这些人际互动的核心产出，而不能（只）作为实现其他外显目标的有效手段。

在教育的场景中，谦逊与关系之道具有很强的启发性。师生之间，师尊生卑，或是学生客户化、教学服务化，都非正途。弟子不必不如师，师不必贤于弟子，谦逊是自然的、必需的。若以一颗心灵唤醒另一颗心灵来理解教育的本质，师生互动也绝非业务性的、命令性的、单向式的、就事论事的、知识导向的，而以 Personization（人心化）来建设相互尊重、合作、信任的师生关系，能够让师生双方都获得成就感与生命价值的体验，获得二级关系的积极实践，促进学生（以及老师）自由个性、健康人格和君子器识的确立。小班教学作为一种方向，在很大程度上并非由于知识传授在较大群体中存在困难，而在于Personization（人心化）的切实可行。同时，要看到在知识能力提升之外，在学生品格锤炼德行修养之外，师生关系、生生关系也都是教育的重要成果，并不因为正式的教与学过程结束、学校阶段完成而终结。值得探究的是，古人常以"亲其师"（也是一种人心化）作为"信其道"的前提，而"亲其生"该是"传其道"的良好基础，然后教学相长，彼此造就。师生之亲，同侪之谊，社群之凝聚，本身就是教育之大美。

在家庭的场景中，谦逊与关系之道就得要沙因父子再认真地写几本书。家庭中的信任与忠诚关系仿佛是毋庸赘言的天经地义，但三级关系甚至二级关系，又在多少家庭中真正存在？父母之道似乎是不需要教与学就能自动掌握的，反正谁能（敢）说我不会当爹？"相爱是容易的，相处是困难的"，婚礼是热烈的，但接下来的日常生活并非仪式活动。相互长期持续"伤害"的家庭成员关系，比负一级关系（没有人情味的支配与强迫）更糟糕，列为负二级，这种关系无法摆脱，其中一方认为自身可以理所应当地对另一方进行干涉与强求。而外界很多时候认为这是合情合理的。不意外地，捅破窗户纸看，即使是形式上的谦逊也往往是用在外人身上的，于家人，则可全免。人心化，是不为也，非不能也，甚至因了解更深，伤害也更准。所以，沙因父子将本书的读者群列得很广泛，从他们认为最需要也最用得上的企业组织，到政治、体育、非政府等各种社会组织，从与人打交道的各种岗位，到因知识不对称而权威化的各种角色，都是本书再合适不过的读者对象。但是，沙因没有说到家庭这种古老而又不断变异的社会组织，该是这本书的靶心读者之一，是个遗憾。这可不能灯下黑。谦逊、关系，具体到家庭场景中——对亲人好好说话，真正学会帮助的度，尊重（最起码要倾听）家人的不同（意见或是人生选择），谋求彼此的共赢（而不是动不动就要牺牲），给空间让各自保持独立，等等；这些基本的相处之道，沙因的谦逊系列，可以作为必读，如果希望成为一个合格的家庭成员的话（好的家庭成员，真的不是生出来的；好的家庭相处之道，真的不是生来就会的）。

过去常在教学结课时被邀请给同学寄语，记得其中有一句写过几次的话，算是有些沙因味道——"MBA 不是人手，更不是造就、使唤人手的人上人"。人手是相对于"有心的人"而言——MBA 也好，大学培养的各种人也罢，即使干着细碎的、辛劳的、平常的工作，也不能当自己只是个人手（Hiring Hands），而一定要有仁心（Higher Purpose）。如果你读懂、弄通了沙因的谦逊观，从仁心出发，重新审视管理行为，就会知道这种"人上人"之于他人、组织和社会的危害极大，因为这种"人上人—人手"的搭配，在合法合理地、很有效率地助长着人的价值持续地被物化。人手与人上人，都与沙因的谦逊相悖，都远离了人、人性、人的价值。

为人之道，说的是管理应是为（wèi）人的；管理，作为一个人为的行为，终是为了人的价值，方能回归到初心。读读沙因吧，这是仁者的声音，希望你用心去听。

仁者沙因，谦逊为人。

杨斌　教授

清华大学经济管理学院领导力研究中心主任

序

本书再版的动机和第 1 版一致，既有个人层面的因素，也有专业层面的考虑。我们可以看到，在当今和未来的世界，人们比以往更需要掌握谦逊的问讯这门优雅的艺术，需要用不预设答案的提问来建立良好的关系，并处理日常生活中的难题。

第 2 版在第 1 版的基础上进行了深入且广泛的修订，指出谦逊的问讯不仅能指导我们"更好地提问"，而且是一种整体的态度，包括更认真地聆听他人的回答，做出恰当的回应以及更好地展现自我，它可以帮助我们建立积极的关系，从而让我们在与他人的日常互动中更有效地解决问题。我们比以往更需要谦逊的问讯，因为我们的文化脚本（cultural script）引我们踏上歧途，让我们在提问时往往预设了答案，让我们对着别人说教，好似自己的答案就是真理一般。

随着世界的联系日趋紧密，文化愈加多元化，这是否意味着我们常常会对事情的真相和原因一无所知？希望谦逊的问讯这一意义深远、适用范围广泛的方法能帮助你洞察世界，看破他人牵强附会的说教，了解自己真正关心的东西。

世界瞬息万变，要想跟上节奏并不容易。每个人都倾向于关注自己熟悉的行业或专业领域，因为这样便可以轻松地跟上变化的脚步。然而，试图跟上变化的**内容**（content），实际上可能不如跟上变化的**语境**（context）重要。二者有着天壤之别，前者主要关注"具体的变化"，而后者则主要关注变化背后的原因。

这一区别在如今看来尤其重要，因为自本书2013年第1版问世以来，我们对正确和错误、事实和观点、真相和谎言的认知已然发生了变化——尽管听上去有些难以置信，但事实的确如此。第2版与第1版从同一个故事出发，即有人对埃德（Ed）进行毫无帮助又不切实际的说教，那个人有着强烈的说教欲，本意并不坏。在第1版里，埃德有一丝恼怒，因为说教者所说之话无从考证，却因为"热心肠"而免受指责。第2版的不同之处在于，我们开始频繁质疑真理的定义和对客观现实的认识**本身**。

我们已经步入一个新的阶段，正确和错误、事实和另类事实、客观经验和主观想法（观点）的定义不同于以往。一直以来，人们每每做出决定，就是在区分正确与错误、现实与假象的基础上做出明确表态。然而，现在的环境更直白、更有力地鼓动我们对他人的观点发起挑战，罔顾支撑观点的客观证据。我们是否已经陷入了一种前所未有的错觉，认为我们有权以说教的姿态来领导他人？

这种剧变的部分原因在于，人们越发沉溺于自己的信仰，尽管它有时毫无科学依据。公共场所里党派林立，人们似乎更在乎强势地表达自己，而不是描述事实及其科学依据。例如，我们的现实世界当前面临着气候危机和流行病两大严峻考验，但谈及二者对生活产生的实际影响时，各个派别的观点及其背景往往压过或驳倒了科学，似乎现实中的不便和威胁与那些一意孤行、喋喋不休、拉帮结派的争论和表达相比不值一提。对一些人来说，在争论中胜出才是重点，这代表他们及其观点是"对的"，至于自己所捍卫的是不是经得起检验和论证的普遍真理，他们并不在乎。有些人极其不希望人们达成一致，因为只要继续制造争论、加深"我们"与"他们"之间的分歧，这些人就能获得更大的利益，这样的情况似乎越来越常见了。因此，相较于从前，我们更需要学习运用谦逊的问讯，共同探索那些能让我们认同并受益的问讯方式。

本书第 1 版出版后，全球分裂的步伐加快，其程度不亚于我们以往的经历。更为严重的是，它使我们理所当然地放弃了学习和重新学习（relearn）。如果要给一个阅读本书的理由，那就是：通过谦逊的问讯，你可以更深入地了解工作和生活中发生的事情，你可以学会在喧嚣中筛选出有价值的信息。在这个事实与另类事实和虚构事实混为一谈的世界里，希望本书能帮助你在沟通中发现那些你关心之人真正看重的东西。另外，通过追问和反思，你也会对自身有全新的看法。

谦逊的问讯还能帮助你重新学会学习。你可能会发现，比起仅仅知道发生了何事或有何变化，你可以知道更多关于**正在发生的事情**的细节，更清楚该如何付诸行动。重新学习如何询问、倾听、反思与行动，即谦逊的问讯态度的全部内容。思想家、未来学家鲍勃·约翰森（Bob Johansen）曾阐明笃信不疑和明辨慎思之间的差异：前者是相信并维护一种观点，且往往会引起激烈的争论；后者是能够洞察和了解事情的全貌，并且随着认知的深入，形成一种综合全面的观点。[1] 在此，我们还想补充一点：坚持明辨慎思，摒弃笃信不疑，就是谦逊的问讯能带给我们的好处。

为了方便读者理解，第 2 版新增了一些故事和案例，以进一步阐明谦逊的问讯的概念，此外还提供了关于学习和实践谦逊的问讯的一些练习和建议。谦逊的问讯既是一种态度，也是一个过程——这是本书第 1 版中提过的，也是这一版想再次强调的。它不是一套一成不变的程序或规则。虽然这个词不新鲜，但随着环境的变化，用它来辅助交流沟通和建立关系时，也会出现细微差别和复杂的变化。不过，有一点是肯定的，每个人都可以通过学习成为更好的谦逊的问讯者。

本书适合的人群

本书适合所有渴望建立积极有效关系、寻找了解事情全貌的新方法或者想要帮助更多人的读者。总的来说，本书适用于所有人，但对于担任领导职务的人来说，本书的意义尤为重大，因为随着权力的增加和地位的提高，对他们的问讯艺术的要求也越来越高。我们的文化往往强调领导者要为团队指明方向、阐明价值观，这使得他们更倾向于教导而不是询问。然而，最需要谦逊的问讯的，恰恰是这些领导者，因为在面对错综复杂、要求高度协作的任务时，他们要在团队中建立积极开放、相互信任的关系，从而适应不断变化的环境，更安全有效地完成任务并实现创新。

本书脉络结构

与第 1 版相比，本书第 1 章、第 2 章更为详尽地阐释了谦逊的问讯在日常生活中的含义。第3章通过对比谦逊的问讯和辅助者（如教师、顾问）、教练使用的其他问讯方式，更充分地说明了它的特点。我们深入探讨了以下问题：是什么社会、文化和心理力量在影响我们，使我们很难以谦逊的问讯的形式和他人建立关系？要践行谦逊的问讯，我们必须摒弃哪些固有的知识，重新学习哪些知识？

第4章深入分析了一直影响着我们的文化力量，特别以美国为例，试图说明这种力量如何悄然发挥作用，驱使人们开展说教、压抑谦逊的问讯的欲望。第5章通过分析各种组织的等级制度（尤其是社会层级）所衍生出的"规则"，进一步阐述为何谦逊的问讯"寸步难行"。这些规则与我们自身的心理作用和认知偏见极其微妙地相互作用，使人们难以开诚布公、畅所欲言。

第6章更细致地研究了社交中的对话动态。第7章探讨了从人们观察事物到迅速做出反应的过程中大脑的运作过程。这一切都旨在帮助读者理解为什么在需要应用谦逊的问讯技巧时会遭遇挫折，以及应该如何摒弃旧有的认知并重新学习，从而提高在各类场景中的交流技巧。

第8章是对前文的总结和对今后目标的展望。我们还提供了小组讨论指南和练习，以帮助读者学习如何区分提问和说教，提升问讯技能，从而学会正确开启对话并建立良好关系。抛弃旧习和学习新知的过程要通过自我观察、反思、试错、分析、重设目标和继续学习等步骤循序渐进地展开，我们希望这本书能调动你的积极性，激发你的兴趣，并引导你实践这一过程。最后，谦逊的问讯方式因人而异，并非一成不变。好了，我们开始正式学习吧。

彼得·沙因
埃德加·沙因
2020年9月

目录

什么是"谦逊的问讯"

本书源于埃德[⊖]近几年常挂在嘴边的一个故事：

我向来不喜欢他人无缘无故地对我说教，尤其是说些我早已知晓的事情。有一次，我正在欣赏大雨后长出的一丛奇形怪状的蘑菇。这时，一位遛狗的老妇人从我身旁经过，停了下来。

她大声对我说："你知道里面有些蘑菇是有毒的吧？"

我回答道："我知道啊。"

她不依不饶："你知道吃了它们会死人吧？"

我明白，一个蹲在地上欣赏春日里蘑菇的人，确实有点奇怪，但时至今日我仍旧困惑不已，为什么她踱到我身边时不问问我："你在干什么呢？在看什么呢？"

这件事令我印象深刻，她的说教欲不仅冒犯了我，还让我很难心平气和地和她搭话。我意识到，她的语气和说教的口吻令我无法和她建立一段良好的人际关系，也让后续的交流陷入尴尬的境地。也许她本意是好心提醒我，但我对此并不受用。我更希望她从一开始就问问我在干什么，或是在我回复"我知道"后询问我的意图，而不是一味地想告诉我些什么，更何况她说的并不全对——那些蘑菇可能会让我吃坏肚子，但不至于要了我的命。

这个故事揭示了这个时代的一大问题：人们热衷于对别人说教，卖弄自己的才学，甚至不惜为此引用那些真假难辨的论据，以便驳倒对方。他们希望取胜，证明自己才是对

⊖ 埃德（Ed）为作者埃德加（Edgar）的昵称。

的，说服别人——许多人爱逞口舌之快，以至于不惜随意地歪曲、捏造事实或撒谎，真相在他们心中早已不重要了。师心自用、指鹿为马可能是政客们惯用的手段，毕竟在政界，取胜确实是最重要的，但它也早已渗透进了我们的日常对话，令我们罔顾那些客观经验。

为何问讯及建立良好的关系突然间变得如此重要

因为在一个越发动荡的多元文化世界里，要想理解来自不同职业、专业以及不同民族文化背景的人，与其达成合作，就需要知道如何提出问题，同时也要基于以下两种假设建立良好的人际关系：①知道他人的价值观可能与自己的存在差异，但并无优劣之分；②懂得在解决自身的问题之前，或需先行了解他人的看法。

如何定义"谦逊的问讯"

❖ 一门艺术

谦逊的问讯是一门精巧的艺术，能引导他人畅所欲言，在提问时不预设答案，能帮助人们基于对他人的好奇与兴趣，建立关系。

❖ 一种态度

谦逊的问讯不仅仅是提出问题，更是一种整体的态度，它要求我们更认真地聆听他人的回答，做出恰当的回应，并在建立关系的过程中更多地展示自己。

谦逊的问讯是与他人联系并建立良好人际关系的法宝。

在很多情况下，例如建立有效的人际关系，完成工作任务（甚至帮助他人拯救生命），都必须通过正确的问讯法，弄清楚事情的来龙去脉。如果你对陌生人萌生兴趣，解放好奇的天性，你是否会收获更多？你是否会更轻松、更自如地展示自己，以便吸引对方的兴趣？这能否成为在工作中建立人际关系的新方法？以这种方式进行问讯并展露自我，是表现"谦逊的问讯"态度的关键。

谦逊的问讯可以帮助人们理解陌生、复杂的情况。

当团队遇到难题，并且在多个备选方案间摇摆不定的时候，就可以采用谦逊的问讯态度发问："我们是不是还有没考虑到的东西？"或者"我们 / 你们是怎么搞的？"当他人与我们意见相悖或者提出了一些难以理解的建议时，就更不用说了——这时就需要这样问："我们要怎么把已知的线索串联起来，梳理一下现在的情况呢？"

谦逊的问讯有助于让他人参与到问题的解决和决策中来，帮助他们理解问题、明确特定情况下的动机，或者阐明自身所需的帮助或指导。

如果有人找你帮忙，你是否会二话不说，迅速给出建议呢？其实，在这种情况下，我们不妨采用谦逊的问讯方式，问问对方为什么需要建议，为什么现在需要，为什么会向你提问。了解这些背景信息也许比给出建议更重要。

谦逊的问讯态度基于以下三点：①好奇心；②对事情的真相持开放态度；③懂得敏锐的洞察力往往源于对话和人际关系。而在这个过程中，我们可以学会做一名倾听者，给予对方恰当的回应，和对方共情，而不是一心只想着说服对方。

谦逊的问讯是否意味着"当下"需要保持谦逊

为何要反复强调谦逊这个词呢？事实上，谦逊的人格并不是优秀问讯者的全部。无论是自信满满之人，还是傲慢无礼之人，当面对需要他人支持的困境，或者要搞清楚错综复杂的问题时，都会感受到自身的渺小。这种"当下的谦逊"，就是坦然接受自己需要依赖他人的帮助才能获取信息和完成任务。

表现出当下的谦逊，是与我们所依赖之人建立积极关系的关键之一，因为它彰显了我们把他人视为重要合作伙伴的诚意。当领导者意识到自己需要依赖下属时，当下就要表现得谦逊点，并以这种态度来迎接挑战。掌握这种能力对他们来说尤其重要。

这与希望人们畅所欲言有什么关系

或许有人会质疑，在当今社会，直言不讳不也一样重要吗？人们要勇敢地表达所见所想，不畏强权，摆脱旁观者的心理，揭露不公之事，不是吗？然而，讽刺的是，直言不讳之所以往往事与愿违，正是因为我们在让他人回答问题，或者希望他们说出真相时，没有采用一种让人感到舒服的方式进行询问。

我们未能以**谦逊和正确的态度**提出问题，滋生了一种不健康的工作氛围：人们在分享知识时感到心有余悸。我们是否见过这样的工作环境，人们为了避免说真话的风险，而选择隐瞒、歪曲事实甚至撒谎？或者说，这种"病态"的环境已经如此普遍，以至于我们忽视了这种缺乏安全感的心理状态？

那些把安全排在首位的高危行业，尤其需要建立跨越层级的良好沟通机制。然而，在分析了空难，化学、石油工业事故，核电站事故以及美国国家航空航天局（NASA）的一些任务后，我们发现，底层员工掌握的信息或许足以防止事故发生或减轻负面影响，但这些重要的信息却难以传递到高层，有些被忽视，有些则是被否决。

高层管理人员经常以开明自居，愿意倾听并认真对待下级的意见。我们从下级员工得到的答案却恰好相反。他们表示，没有人认真询问过他们的意见，或者即使有，他们也不敢向上级透露不利的信息，或者即便透露了，也从未得到任何回应或认同。而之前一些吹哨人的不幸遭遇也给了他们一个强烈的信号——显然，有些组织并不想知道事情的真相。

手术室、医院和整个医疗系统中也存在类似的问题。如果护士和技术人员害怕向医生提出质疑，不敢建议医生更换治疗方案，也不敢纠正医学博士的错误，那么病人就要遭罪了。医生可能会宣称他们确实询问过旁人的意见，他们的工作环境支持相关信息的公开流动，但是如果医师助理、护士和技术人员不敢提供相关背景信息，那患者的风险就会增加。

这种情况的出现，是因为员工缺乏勇气，还是因为领导和管理者不虚心求教？只有当领导者由衷地想了解事实真相，并以一种开明和可信的方式进行询问，员工才会敢于说出他们的真实想法，而不是给出他们认为领导层希望听到的回答。不幸的是，领导层往往意识不到这一点。因此，如果提问者不带着当下的谦逊态度提出问题，就很可能只收获了沉默、谎言或胡编乱造之类的糟糕的回应。

谦逊的问讯能否将竞争与相互合作和团队精神融为一体

从我们应对灾难和疫情的方式可知，在必要时，我们都有能力并愿意守望相助。[2]然而，人与人之间关系的建立是一个循序渐进的复杂过程，它要求我们压抑自己生物本能的冲动，在一个提倡你争我夺的文化背景下，既竞争又合作。以美国文化为例，它很难让人建立足够的信任来向他人寻求帮助。此外，在需要共享信息时，人们也可能会为了争名夺利而选择隐瞒，以蒙蔽"对手"。

人们推崇团队合作，也喜欢用各种运动来做类比，那么在谈到谦逊的问讯和关系的建立时，我们同样可以用接力赛来进行说明。要实现目标，往往既需要个人的卓越能力，也需要有效的团队合作。例如，要在接力赛中获胜，队员们不仅需要拼尽全力快速奔跑，还需要在传棒时默契配合。接力棒的顺利传递需要运动员开诚布公和高度信任。二者缺一不可。

团队合作也可能是一项复杂的工作。例如在美国职业橄榄球大联盟（NFL）的激烈赛事中，要想获胜，所有11名球员都必须相互配合，当比赛开始，还要与对方球队短兵相接。一个外科团队在进行复杂的手术时，需要实时协调团队的所有成员，甚至做好处理意外和并发症的准备。在所有这些团队合作的案例中，如果团队成员没有通过谦逊的问讯建立起积极的关系，那么公开的沟通、信任和协作能够实现吗？

谦逊的问讯可以建立诚实和信任的关系

人际关系的建立是一个不断演化的过程，尤其是对成年人而言。我们都知道相互信任很重要，但是当你需要帮助时，要如何相信对方会伸出援手呢？如果你需要一些重要的信息，你怎么才能相信别人会坦诚相告，而不是藏头露尾呢？我们和他人的关系处于一种脆弱的平衡状态，很容易因为交谈中的隐瞒或谎言而分崩离析。出于这个原因，只有在真正渴望倾听对方意见，培养适度的同理心，以及表现出对对方的回答充满兴趣和好奇时，谦逊的问讯才能生效。而只要能在这个过程中适当展示自我，就能建立起诚实和信任的关系。谦逊的问讯能传达出坦诚的态度，而只有开诚布公才能建立信任。为什么这一点至关重要？我们会在接下来的章节里进行详细说明。

💬 练习

为了调动学习谦逊的问讯法的积极性，我们建议读者以日志的方式记录阅读时的想法。无论你是否认同书中的观点，都可以记下你的思考。这种学习日志非常有用，能让你在今后应用谦逊的问讯法或培养谦逊的问讯态度时有章可循。本书每章末尾都提出了一些问题，抛砖引玉，读者可以在日志中记录下自己的答案。下面我们开始第一次练习。

你的问讯够全面吗？

询问下级

你会询问和倾听下级的意见吗？还是你只会教导他们该做什么？那些没什么权力的员工敢对你说真话吗？

询问同级

你愿意向同行（同事或竞争对手）询问意见或分享信息吗？你介意在和你同级的人面前暴露自己的不足吗？

询问领导

你敢向老板提出问题、询问具体细节或让老板指点迷津吗？直言不讳或大胆质疑会让你感到不安吗？

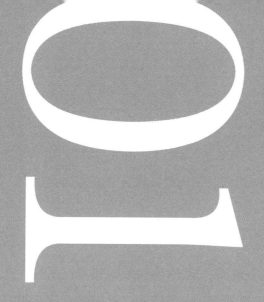

第 1 章
CHAPTER 1

直白的教导与谦逊的问讯

人与人的沟通不时会出现问题。有时，朋友、家人或是同事的话语可能令人不快，或者根本无济于事。我们自己也会不知不觉提起一些他人忌讳的话题，不小心冒犯到别人。本想讨论，结果却演变成了争吵，大家不欢而散，彼此都觉得伤心。此时，最重要的就是找到沟通不顺畅的原因。如果我们将问题搁置，之后就很难找到解决之道。在这一章，我们会探究谦逊的问讯如何对日常对话产生积极影响，以及在关键时刻它的缺位所带来的消极影响。

一位麻省理工学院斯隆管理学院的研究生

这名研究生正在地下室里准备一门重要的金融课程考试。晚餐时，他曾向六岁的女儿明确说过不要来打扰他。正当他沉浸在学习中时，女儿敲响了门，还欢快地叫道："嗨，爸爸！"他厉声说道："我都说了，不要来打扰我！"听了这话，小女孩立刻哭着跑开了。第二天早上，他的妻子责备他伤了女儿的心，而他告诉妻子，自己明确提醒过女儿不要过来打扰他。正当他极力为自己辩解时，妻子打断了他，说道："是我让她下去找你道晚安的，我还让她问问你，要不要来杯咖啡提提神。你为什么不问问她为什么会来找你，就直接对着她大喊大叫呢？"他无言以对，陷入深深的自责之中。他意识到自己要花大力气才能修复与妻女的关系，同时开始思考一个问题：为什么他会直接呵斥女儿，而不是温和地问问她为什么来找他呢？他承认，自己应该首先对女儿为什么会违反两人的约定感到好奇才对。

如果你也遇到了类似的情况，你会有更好的处理方式吗？谦逊的问讯的关键就在于知道自己何时需要了解事情发生的原因，而不是在本能的驱使下冲动行事，因为后者只会阻碍沟通，而且让你变得越来越无知。那么，你该怎么控制住自己，以**谦逊的态度问清事情的原委**，而非屈从于说教的冲动，并假设世界以你的意志为转移呢？

答案很简单，但是做起来不容易。你需要做好这三件事：①学会观察和感受，抑制责问别人的冲动；②养成倾听的习惯，弄清楚事情的原委之后再采取行动；③更加努力地去聆听、理解和消化别人想说的话。提问的内容、提问的时间、提问的形式以及如何听取和理解他人的回应——只要能够把握以上这几点，就能加深我们在人际关系中对彼此的信任程度，继而让沟通和合作更顺畅。

在上一个例子中，这对夫妇也可以带着谦逊的问讯态度重新审视这件事，深入探究一番。比如，妻子是否真正意识到了丈夫当时完全不想被打扰？要阐明这一点，丈夫可以说："为什么你让女儿来找我，而不是亲自下来？"但也可以温和地询问："这次的金融考试让我特别焦虑，我很难专心学习，这个你能理解吗？"听到这样的回答，妻子可能会为早晨的指责道歉，丈夫也可能为自己在女儿面前的失态而道歉。因为谦逊的问讯，两人的关系得到修复，沟通也变得更顺畅了。

如果每个人只需要顾好自己的事情，那么建立良好的关系、让沟通更顺畅可能并没有那么重要。但若是要玩跷跷板或跑接力赛，或者要完成与之类似的工作，情况就完全相反了。因为只有当所有参与者都完全相互依赖时，才能通力合作，达成目标。要知道，如果接力棒没能顺利传递出去，就会输掉比赛。许多情况下，人们就像接力赛队员一样需要相互依靠——认识到这一点至关重要，因为良机稍纵即逝，而谦逊的问讯往往能帮助人们抓住机会好好沟通。

我们再来看一个有趣的例子，这个例子说明了与教导相比，谦逊的问讯法能让沟通更顺畅，以及它是如何被应用的。

在一支美国职业橄榄球队的更衣室里，四分卫吉姆（Jim）和右后卫罗伯（Rob）正在交谈，紧张的比赛已经结束。罗伯在场上的任务是助攻，辅助吉姆拦下对方的防守队员。

吉姆： 罗伯，你得加把劲儿了。今天比赛时我总是被冲撞和擒杀。

我们并非要借助两人的对话来探讨以"教导"的方式责备别人是否恰当，而是要研究它可能会对团队将来的表现以及二人的关系产生何种影响。吉姆的确有资格给罗伯这样的反馈，罗伯当然也可能把吉姆的话记在心里，并决定更加努力或改变战术。但是从谦逊的问讯这一角度来看，他们错过了一个很好的机会。我们不妨看看如果吉姆采用另一种态度，事情会如何发展。

吉姆：罗伯，我们得加把劲儿了。我在比赛中被冲撞和擒杀了很多次，你有什么好办法吗？（谦逊的问讯）

罗伯：我当然愿意再努力一些，更好地保护你，但是你得知道，这两周咱们的对手里有个防守前锋队员是全明星的常客，他可能每次都能突破我的防守。所以周日比赛的时候，咱们和教练商量一下，换一种新的战术吧。否则到那天，我更没把握保护好你。

吉姆：你能指出这点真是太好了，那我们一起找教练团队商议一下，制定新的战术。谢谢你。

上面这段对话纯属虚构，但如果吉姆能像这样，用谦逊的问讯态度和罗伯交流，那他们就能打开关键的沟通渠道，从而提升团队表现，巩固两人的关系，并一起制定有利于吉姆大展拳脚的新战术。第二种问话的关键就在于吉姆认识到了自己和队友互相依靠，并用"我们"一词去代替"你"。此外，他询问了罗伯的想法，表示自己真心想聆听罗伯的解决方案。这样，两个相互依靠的球员就能变得更亲近了——有些常胜球队的教练常说队员们真正彼此信赖，大概就是这个意思吧。只有多从"我们"出发，才能建立这样的信任关系。

不同层级的关系

为了充分说明谦逊的问讯对人际关系的具体影响，我们首先需要了解人类社会中普遍存在哪几种层级的关系（见表1-1）。

表 1-1　关系的层级

关系层级	描述	关系层级	描述
负一级	控制、剥削	二级	私人（坦诚和信任）
一级	事务（工作距离）	三级	亲密

负一级关系（控制、剥削）一般是消极关系，其特点是强者对弱者发号施令，并拒绝建立更公平的关系。

一级关系是事务性质的关系，是基于正式的角色定位产生的，其特点是同事（通常是处于竞争关系的同事）之间有意保持一定的距离。在工作场合中，人们相互依靠的程度取决于他们的角色定位，而管理几乎等同于"教导"。处于这一级关系的人们可能并不想运用谦逊的问讯法去构建积极的人际关系，或者认为这根本无关紧要、效率低下。

二级关系意味着了解对方一些更为私密的事情，变得更加坦诚、彼此信赖——这个过程就是我们所说的建立积极关系。说教将谈话双方分为说话人和听话人，而谦逊的问讯则像拉近双方距离和发展私人关系的邀请，是把"我"和"你"变成"我们"。这种共同体意识之后会越来越稳固，让双方都感到舒适。

在工作场合中，当团队成员对彼此的工作有足够的了解，能够处理意外和复杂的情况时，二级关系就会趋于稳定。二级关系具有灵活性、适应性和弹性，它的建立取决于团队成员和领导们温和的问讯艺术，而非说教。

三级关系指的是友谊或爱情等更加私人和亲密的关系，一般是二级关系通过长期的谦逊的问讯态度发展而来的。尽管三级关系常被视作一种亲密关系，但只要不任人唯亲、偏袒包庇或在决策时被情感所左右，那么工作场合中就也能有三级关系。

总而言之，**教导**的方式只适用于与陌生人或点头之交闲聊、谈天，或在基于礼貌待人、言谈得体的社会和文化规范的基础上建立的一级关系中使用。当我们逐渐打开心扉，彼此信任，告诉对方事情的来龙去脉时，就能很快适应最新、更麻烦的状况。其中的关键就在于通过谦逊的问讯法来邀请他人共同升级至二级关系。

教导有哪些陷阱

我们经常会遇到这种情况：工作场合中充斥着大量**教导**的话语，人们很难开口**问讯**，尤其是以谦逊的方式问讯。糟糕的是，这可能会阻碍人们在恰当的时间分享重要的信息，罗伯和吉姆之间的对话就是一个典型的例子。此外，直白的教导会使对方当即灰心丧气，因为它暗含一种说话人认为听话人对所说的内容并不了解的意味，甚至还带着一丝指责：你早该知道这些事情的。

我们都有过被人教导或说教的经历，那种感觉并不好。除非自己主动寻求建议，否则没有谁会喜欢被人指手画脚。当有人不请自来，试图告诉你些什么，你是否通常都知道他要说的内容，还会奇怪他为什么要假设你一无所知？当对方说的是一些你早已知晓的事情，或者指点你要如何行事，又或是突然给了你一些莫名其妙的建议时，你甚至会感到被冒犯。拿罗伯来说，他难道不知道自己得更努力吗？

这种教导毫无必要，而且说话人在不经意间流露出了三种形式的傲慢：①他自认为比对方懂得更多；②他所掌握的信息才是正确的；③他有权为他人做好规划。我们要意识到，这种教导就像陷阱，很容易让人陷进去；而当我们落入教导的陷阱时，他人觉得被冒犯也就不足为奇了。那位告诉埃德不能随便吃蘑菇的老太太没有掌握正确的信息，而且"不请自来"；她试图释放善意，结果却适得其反。那位斯隆管理学院的研究生朝着女儿大喊大叫，同样是落入了教导的陷阱：他没有思索女儿为什么会来找他，而是把自己的需求放在第一位，并且傲慢地认为他作为父亲的权威不可违抗。同样，对四分卫吉姆而言，他没有询问罗伯本人对比赛形势的看法，也没有征询改进的策略。

从另一个角度讲，当你真诚地问讯他人时，你把主动权暂时交给了对方，而将自己暂时放在一个相对弱势的位置上。这样的举动让关系有了加深的可能。与你对话的另一方或许会巩固、加强与你的关系，或者选择蔑视你、嘲笑你，甚至是利用你，而非善待你——你提问的方式可能已经预先决定了对话的方向。关于这一点，我们可以看看下面这个旅行者和当地人的故事（在卫星导航系统问世之前）。

错误的问路方式

一位旅行者要去北部某州一个偏远的乡村小镇，她在十字路口停了下来，向一位坐在自家门廊上的当地人问路。

旅行者：我要是走这条路的话，能到伍德福德吗？

当地人：可以，这条路通往伍德福德。

旅行者： 我要是走另一条路，能到伍德福德吗？

当地人： 可以，这一条路也通向伍德福德。

旅行者： 那这两条路有什么不同吗？

当地人： 对我来说没什么区别！

故事中的旅行者先入为主地认为那位当地人会关心和在乎她的处境，一般来说，这样的想法也无可厚非。但她是否准备好接受当地人冷漠的回应了呢？她提问的方式足够谦逊吗？答案或许是否定的。首先，她提的问题非常冷漠且没有人情味——询问"我要是走这条路……"，显然只是把当地人当成了一个信息来源。如果这位旅行者当时说的是"我想知道去伍德福德哪条路最好走，你能帮帮我？"，那么这位当地人可能会注意到这位旅行者处于弱势，从而更加关心她的境遇。

如果你并不打算提高谈话质量或者与他人建立人际关系，那么像上文中的那些人一样直白地教导或者表现得不近人情，也许无伤大雅。但是，如果你谈话的目标是建立好的人际关系，我们有理由得出以下结论：教导不如谦逊的问讯有效。

封闭式问题往往被人们视作一种教导，从而极有可能导致信息谬误和沟通出错。"哪条路能到伍德福德"这样的封闭式问题就是一个陷阱，很难让当地人透露自己是否真正知道问题的答案。他可能压根没听说过伍德福德，也可能根本没有心思去思考这个问题。而封闭式的问题让人很难承认自己并不知道答案，更有甚者，被提问的人为了尽快结束对话，可能会随便蒙一个答案，或者隐瞒相关信息。

往往在双方社会地位平等的基础之上，才能成功构建卓有成效的二级关系对话。而错误的教导方式则会明里暗里地贬低听话人，从而打破这种平衡。如果你想要和他人建立关系，就必须要先投入些什么。而只有在你确信自己讲述的东西对别人来说有价值时，教导才能算作一种投资。正因如此，我们最好在他人征求意见时再给出建议，而不要自以为是地指手画脚。这就像别人给我们意见反馈，但我们是否主动要求对方给出意见，这一点至关重要。一般来说，只有为了实现自身目标，主动向他人寻求建议的时候，我们才会觉得他人的意见有实际意义。"你介意我给你提一些意见吗？"你肯定听过类似的话，也懂听到这句话时的感受。几乎没有人听到这种话不会心生厌烦，因为这根本不是真诚的**询问**，而是一种**教导**，而且或多或少带有批评的意味；毕竟如果对方要表扬你，那完全没必要问你"是否介意"。

谦逊的问讯才是投资——询问者将部分注意力放在对方

身上，承认自己的无知，并且将部分权力移交给对方。而谦逊的提问本身可以传达出如下信息："我已经准备好倾听你的意见了，我在你面前处于弱势的地位。"如果你从对方那里得到了之前不曾了解的信息，那么你的投资就得到了回报，你会因为获得了新信息而心生感激。而当这种问答继续下去，双方互相交流，都能够获得有价值的新信息时，积极的社交关系就建立起来了。在上文的问路一例中，确实存在事务性质的一级关系，但是这种价值的传递不是双向的，也并非平等的，因而除单向关系以外，不具备构建其他任何关系的基础。

当双方都能有所收获的时候，信任就形成了，因为当你向他人展示自己的弱点时，他人既没有选择利用你，也没有忽视你或者故意给你传达错误的信息。另外，这样的信任是双向的，因为双方都表现出了自己关注和在意对方的每一句话。

因此，构建相互信任的二级关系对话是一个双向的过程，在这个过程中，对话双方都必须有一定的付出并收获有价值的新信息。

礼貌和当下的谦逊

以上所谈的种种都符合我们自身文化背景所规定的"礼貌"标准。对话的参与者对自身文化背景中"礼貌得体"这一概念的理解，即此时该说什么话，问何种问题，指引着他在对话中与对方交换信息并相应地转移注意力。因此，为了充分了解谦逊的问讯在这个文化背景中的重要意义，我们要重新回到对话中，回到关系构建和完成任务的目标，去探究何为当下的谦逊。谦逊的概念十分广泛，它可以指一种性格，也可以指我们在这里想要强调的一种特殊的、实时的感受。但即使是最自恋傲慢的人，在无法理解或掌控局面时也会感到谦卑。即使是最谦虚的人，在知晓答案并掌控局势时，也可能变得傲慢。因此，重点不在于性格，而在于学会解读眼前的形势和自己在其中所扮演的角色，以便明智地选择何时展现出谦逊的品质。

具体来讲，当下的谦逊是指当你意识到你需要依赖他人时，你的内心感受。在那一刻，你是地位较低的一方，因为对方掌握的信息足以对你造成影响，而且有能力通过某些事情帮助或阻碍你达成目标。那位想去伍德福德的旅行者更倾向于封闭式的提问，而不是求助。她只要求当地人对她的话做出判断（"这条路能……"），而不是询问"哪条路能去伍德福德"。她得到的答案是相当明确的，所以她完全可以在得到第一个答案后迅速动身。但这种封闭式的提问使得当地人无法和她分享更多的信息。

很显然，这位旅行者想要获得更多的信息，于是她用相同的方式问了第二个问题，而这一次她依然得到了明确的答复。但这个答复是否有利于她做出决定呢？她并没有意识到，自己在这种情境下其实非常依赖外界的信息。她仍在通过封闭式提问把控着谈话，而不是寻求帮助。如果这位旅行者能够认清自己的无知，**谦逊地阐明自己的问题**，那么她就能获得最有价值的信息。

可能有人会问，对这么简单的例子条分缕析，真的有必要吗？谁还不会提问呢？下一章就会论述这一点，认识自身的无知，或者说意识到自己当下需要展现出谦逊，并不是件容易的事。尤其是在我们的文化背景中，很多"教导"的话语都假扮成"询问"的模样出现。你可以选择放弃那些需要依靠他人才可以完成的任务，也可以直接拒绝依赖别人，这样你就不会感到卑微了，但如此一来，你就得不到自己想要的，还要承担任务失败的风险。拒绝这种当下的谦逊态度往往会让你的努力付之东流——每时每刻都有许多人做着这样的事。有些人宁可冒着失败的风险，也不愿承认自己其实需要他人帮助，这种心态和极端的个人主义一样，是典型的美式做派。

总结

正如我们在第 2 版序和引言中指出的，如今人们面临的问题越发多面、系统、流动和相互依存，这就要求我们放弃效果不佳的一级关系（即事务性质的关系），放弃教导模式，学会在对话中更多地应用谦逊的问讯来建立二级关系，以加强我们的社会适应性。下一章将着重探讨这一点。

> **⊙ 练习**
>
> 关于这部分的内容，读者可以回忆一些沟通失败的案例，以便加强理解。对每个例子都做出详细的分析，回想自己说了什么，效果如何。如果收效不佳，可以试想假如你采用了不同的表达或者选择了一个更合适的时机来沟通，结果是否会有所不同。对不同的说话方式进行实验以了解和体会谦逊的问讯，感受它与教导有何不同。

第 2 章
CHAPTER 2

谦逊的问讯态度

在上一章中，我们通过一些教导的例子，阐明了谦逊的问讯对不同层级关系的重大意义。在本章，我们将讨论谦逊的问讯态度在不同情境下的具体作用。我们列举了一些典型的二级关系案例，但同时介绍了非二级关系的案例，旨在表明，即使是在事务性质的关系中，秉持谦逊的问讯态度依然能够为建立人际关系打下坚实的基础。

谦逊的问讯适用于多种场景，例如为他人提供帮助与支持、构建人际关系以及充分了解情况。因此，对于初学者而言，最重要的一项任务在于树立情境意识。我们需要在不同的情境下做出不同的举动，所以另一个重要技巧，就是学会根据情境灵活调整询问的内容、方式、时间，甚至何时给出暗示，回答时如何适时展现同理心。这些点点滴滴共同汇聚成了谦逊的问讯态度。

谦逊的问讯体现的是态度

询问是一门技术，也是一种艺术。专业的提问者（如民意调查员、记者、社会科学家等）往往花费数十年的时间研究如何提问才能获得最佳答案。众多优秀的治疗师、咨询师、教练和顾问极大地改进了提问的艺术。但我们大部分人通常并不会深入思考应该如何提问，或者如何针对日常生活的不同情境提出不同的问题。

谦逊的问讯不只是单纯地提问，而是表现出**感兴趣和好奇**的态度，即期望对方能够有所回应，也产生类似的兴趣。你可以借由谦逊的问讯建立一段关系，但只有当这种态度得到对方的回应时，这段关系才会进一步发展。

我们通过肢体语言、遣词造句、语气，有时甚至是沉默来表达这样的态度，传递出我们会耐心倾听且充满兴趣的信号，以此鼓励对方和我们交谈。这种态度和询问方式意味着，在那一刻，你试图理解并认可对方。

倘若我拿出了当下的谦逊态度，可能就会激发你对我产生正面的、真正的好奇心与兴趣。因为暂时处于"弱势地位"的我可以让你产生一种**心理上的安全感**和深深的认同感，从而更有可能向我透露我所需要的信息，并拉近与我的距离。如果你利用这种情况欺骗我，或者利用我所处的"弱势地位"提出一些我不需要或没有帮助的建议，我以后可能会避开你，或者抓住机会利用手中的权力去惩罚你。如果你向我提供我所需要的信息并帮助我，我们就共同为建立积极的二级关系打下了基础。

美国文化面临着一种困境，对"谦逊的问讯"这一概念的理解不够深入，无法把它和引导性问题、反问性问题、直接问题（Direct Questions，直接疑问句）甚至故意挑衅并意图贬低他人的问题区分开来。如果领导者、管理层和各类专业人士要学习谦逊的问讯，他们需要仔细区分自己可能提出的问题，并重视能够建立关系的问题，而不是仅仅选择能够快速获得答案的问题或立刻进行教导。

你每次都能立刻选择能够建立并发展开放信任关系的提问方式，并把它变成肌肉记忆吗？如果你主导谈话并建立了良好的关系，你就可以得到自己想要的答案。但更重要的是，采用谦逊的问讯态度，可能会让你获得额外的信息，甚至是那些你没有问或者从未想过去问的问题的答案。而从长远来看，这些答案可能更有价值。还记得四分卫吉姆吗？他未来的比赛肯定更难打了，因为他没能与罗伯建立起更紧密的关系，而他要赢得比赛，就离不开罗伯的配合。谦逊的问讯态度鼓励对方扩大谈话的范围，这样提问者就可以了解到从未询问过的信息，而这些信息可能会非常重要。

目的至关重要：你是否知道自己为何要开展对话

我们的生活基本上是由一系列情境组成的，我们要么创造情境，要么主动进入现有的情境，要么被动融入他人的情境。当你掌握了谦逊的问讯的时机，你就拥有了**情境意识**。我们要知道自己为何对话，以及进行积极对话需要遵守的具体文化规则。

你在谈话中的真正目的是什么？或许你想获得一些重要的信息，或许你只是试图建立起一段建设性的关系，或者你试图炫耀自己的聪明才智，或者你是想找人闲聊打发时间，说服他人，诱骗他人，给别人提建议。

目标决定态度，弄清楚谈话的目的有助于避免分心、消除杂念。我的一位演员朋友和我讲过他在舞台上表演时的感受。当时他出演的管家只有一句台词，是要介绍一位刚到的新客人。他说："你必须清楚自己出现在舞台上的**意义**，在某种程度上，这一幕能不能演好，就取决于你的这句台词。"一个场景中的一小句台词却受到了如此重视，在我们看来这似乎有些小题大做了。但这样锻炼出的肌肉记忆，能帮助他在之后登上更大的舞台。

同样的原则也适用于我们在不同的生活情境中所采取的行动。你从早上来到公司，就要和形形色色的人对话，例如同事、经理和下属等，那么你是否还能记起你出现在这里的原因？哪怕你最初的目的是尽快溜进你的小隔间里，记下你在上班路上想到的点子。

培养谦逊的问讯的心态和技能，可以让你在和他人对话时更专注。你可能会发现，通过与他人的交流，你自己的观点得到了极大的丰富，而不会偏离原本的目的。

谦逊的问讯态度对他人的影响

谦逊的问讯态度能够最大限度地提高你对他人的好奇心和兴趣，并有助于消除你对他人的偏见和误解。它旨在让你不带偏见地进行询问训练。如此一来，他人便不必受你领导，也不会为了保护自己而给个中庸、不会出错的答案。采用谦逊的问讯态度，你就能尽可能多地获得所需要的信息。

无论对话的发起方如何，这种心态对双方而言都同样重要。即使对方是陌生人，只要有一方想要建立某种联系，那么这种可能性也是切实存在的。因此，当最初只是事务性质的对话，而一方或双方想将其发展成更私人的对话时，谦逊的问讯便至关重要了。你可以问自己一个关键问题："我只想和这位同事保持工作距离吗？"或"我想在这次的个人接触中保持社交距离吗？"如果答案是肯定的，那就按自己的心意行事。即使对方想要拉近和你之间的距离，问了你一个更私人的问题，你依然可以拒绝谦逊的问讯，保持关系的客观性和事务性。只有当你们双方都表现出兴趣和好奇心时，二级关系才会建立和发展起来。

我们很难就是否需要采用谦逊的问讯态度，以及何时、如何进行谦逊的问讯进行具体说明，因为对话发生的文化语境千变万化。但如果你决定将目标从保持一定距离转变为发展更加亲密的关系，你或许知道应该如何去做，因为从第一天上学开始，你已经历过无数这样的场景。你会利用所有可用的线索来帮助自己达到这个目的。总的来说，随着工作人口的年轻化，谦逊的问讯这一技能的应用可能会更加灵活自然，并通过社交和数字工具（尤其是网上聊天、语音和视频通话等途径）得到进一步发展。这并不是说我们每个人天生就是谦逊的问讯者，事实上，有些人不费吹灰之力就能掌握这项技能，而有些人却总是摸不着头脑。这意味着无论是在家庭、学校还是在工作中，我们所有人都通过社会化（在现代工业文化中）学会了一套基本技能，只不过我们对这些技能的掌握程度因人而异。

如果你是一名医生，并且认为与患者建立更密切的关系，能帮助你成为一名更好的诊断专家和治疗专家，你就可以采用谦逊的问讯态度来完成排得满满当当的工作任务。事实上，即使将每位患者的问诊时间限制在 10~15 分钟，只要快速和患者达成共识（特别是关于时间限制的共识），也足够让你与每个人有充分的接触。你可以这么说："很抱歉，问诊时间有限，但我们可以充分利用好这段时间。你哪里不舒服？"许多医生都知道，用"我们"一词，而不是明确区分开"病人"和"医生"，会使治疗过程更高效。例如，假设双方对问诊时间限制这一点达成共识，就能将关注点更多地放在病情上。

公司上下级之间也会出现类似的情况。如果作为直接下级的你想和经理从疏远变得更亲近，你就可以利用当前情境下任何可用的线索，正如埃德在下面的例子中无意中发现的那样。

了解某人

埃德：数字设备公司（Digital Equipment Corporation，简称 DEC）的创始人肯·奥尔森（Ken Olsen）想聘请一位社会心理学家来公司当顾问，于是他请自己毕业于麻省理工学院的私人助理去寻觅合适的人选。我的条件正好符合这份工作的要求，于是那位助理安排我与肯会面，看看我们之间是否有不错的化学反应。

肯的办公室很大，在一个旧厂房里，我一进门就注意到墙上有几只皮划艇桨，还有一些树林和溪流的照片，于是随口问了几句。没想到，肯立刻告诉我许多事——他每年夏天都会去加拿大的森林深处徒步旅行、钓鱼，过上几个星期完全与世隔绝的日子。

随后，肯就我在麻省理工学院的工作提了几个问题，并立刻决定让我参加运营委员会的每周会议，而当时运营委员会是公司的管理小组。正如肯所说，"你只需要在一旁观察我们工作，看看能否提供帮助就行"。

事后想想，肯才刚刚认识我，几乎不知道我的过往经历，也不了解我是否值得信任，就邀请我加入了公司的内部管理小组。我想这多半是因为我问起了船桨一事，从而与肯产生了奇妙的化学反应，迅速而自然地建立起了人际关系。这看似微不足道，但其实至关重要。我的问题和好奇心让肯得以讲述一些他感兴趣并乐于分享的事情，而我在一旁饶有兴趣地听着，这种谈话方式迅速缩小了我们之间的距离，使我们的关系变得更加私人和亲密。

谦逊的问讯最好由好奇心和兴趣引发，提问者应该有意识地避免控制或影响对方回复的内容及形式。我再强调一次，开放式问题和引导性问题之间存在巨大差异。

谦逊的问讯态度体现在你如何提问、回答和向他人展示自己的观点。

谦逊的问讯所蕴含的力量

在日常生活中，我们经常会发现自己陷入分歧、冲突或拿不准的问题里，进退维谷。此时，即使你不是负责人，用一个问题来表明自己对现状的不了解，也可能会以惊人的效率打破僵局。通常来讲，这就是邀请第三方（如顾问）参与谈话的好处——与直接参与者不同，第三方可以相对轻易地承认自身的无知。事实上，最好的领导往往都是能适时提出问题的领导，而非大谈其宏大愿景或绝妙战略的领导。

解决高管继任问题

埃德：我当时在为澳大利亚一家大型石油化工集团做咨询，并应邀和高级管理团队共进午餐。午餐时，CEO（首席执行官）宣布了他们的行政副总裁要离职的消息，还提出斯图尔特（Stuart）似乎是理想的继任人选，但不知道其他两位副总裁会怎么看。

那两位副总裁显然不赞同这个想法。他们讨论了斯图尔特的优点，但不知为何，他们觉得他不合适这份工作，却又无法说明缘由。事实上，他们都在向 CEO 反映斯图尔特不适合这份工作，但在提出反对意见时，却又含糊其词、语焉不详。

我在旁边观察了一会儿，感到十分困惑。他们似乎喜欢斯图尔特这个人，却又无法下定决心让他担任行政副总裁的职位。我很好奇这个岗位在这家公司中究竟扮演着怎样的角色，于是问道:"行政副总裁都负责哪些事务呢?"

几位高管脸上露出了一丝混杂着不耐烦和傲慢的微笑,但还是屈尊回答我:财务、会计、人事、长期规划和公关。就在此时,一位副总裁肯定地表示,斯图尔特在公关方面的表现略有不足,虽然他是一个优秀的内线球员,但在外线表现不佳。其他副总裁立即附和,并表示这就是他们犹豫不决的主要原因。

然后其中一人问道:"行政副总裁必须负责公关吗?事实上,自澳大利亚新环境法颁布以来,我们就一直面临公关问题,难道我们不应该找一个高级副总裁来专门负责公关吗?"该小组立即同意将公关职能分离出来,另外寻找一个人来负责此事,而斯图尔特就是负责内部行政领导职务的完美人选。

我从这件事中学到了,解决问题的最好方法就是了解自身的无知,在好奇心的驱使下,提出一些"无知"的问题。(例如,行政副总裁都负责哪些事务呢?)接受并揭露自己的无知对于开启对话、打破僵局以及阐明关键问题,都是非常有效的。

另外,还有一个完全不同的例子,展示了一位有能力的高管如何利用自己当下的谦逊,通过自身的无知和好奇心来激励员工。

跨越层级的问讯

数字设备公司的 CEO 肯·奥尔森过去经常在公司里闲逛,不时在某个工程师的办公桌前停下来,然后问道:"你在做什么工作?"肯会让对方觉得他不是在检查工作,而是真心对员工手头的项目感兴趣。双方可能会就此讨论许久，最后在技术层面和个人关系方面都收获颇丰。即使数字设备公司在全球拥有超过 10 万名员工，肯也依然为员工所熟知和喜爱，就是因为他用这样谦逊的问讯方式和许多人交流过。尤其令人惊讶的是，当公司的高级管理人员没有以同样谦逊的问讯态度对待下级员工时，肯就会变得冷酷和专横起来。只要手下的工程师和经理未表现出当下的谦逊，肯就会很不高兴。

肯的例子说明了，如果一个组织的目的是建立关系，而不是衡量、控制或评判其成员，那么等级较高的管理层人员也能够和组织中地位最低的成员建立联系。尽管初级工程师不太可能真的相信肯确实对他们手头的工作一无所知或者感到好奇，但他们很感激肯能视他们为值得交往的专业人士，而不是仅仅以职位高低论之。

谦逊的问讯有可能使关系突破等级和地理界限的束缚，变得更加紧密和人性化，特别是当人们聊到与自己相关的故事时。当然，每个人的经历都是独一无二的。但我们讲述的每一个故事都揭示了我们理解和感受事物并采取行动的内在逻辑，这有助于激发对方的同理心。理想情况下，询问者会从自己的过往生活中找出类似的经历，并与故事的讲述者产生共鸣。当我们与对方分享自己的故事时，就为彼此提供了发现双方相似之处的机会，尽管我们知道彼此其实有很多不同。我们要认真聆听，细细感受——切实理解故事的讲述者，这反过来又促使我们继续询问。谦逊的问讯有助于建立信任，而不会将所有话题都转到自己身上。在对方邀请你讲述自己的故事，或是你觉得自己有必要补充一些重要信息之前，你要"让出舞台的中心位置"，好好做一个听众。

谦逊的问讯必须真诚吗

如果我们不够谦逊，也不想和人搞好关系，是否可以假装对别人的话题感兴趣，从而获得他人的信任呢？人类是非常敏感的生物，拥有高度发达的情感雷达。比起隐藏自己发出的混杂信号，我们更善于察言观色，判断此人是否真诚。比如，一个不真诚的上级往往很快就会露出马脚，遭到员工厌恶。因此，虚伪的谦逊是藏不住的。一般来说，无论你在提问时如何遣词造句，如果你对对方根本不感兴趣，被提问者立刻就会察觉到。同时，如果他人感受到了你的真诚态度，那么即使是教导，有时也可能会产生与谦逊的问讯相同的积极效果。

总结

在本章结束之际，我们需要提醒自己，谦逊的问讯是一种态度，是一种对话策略，你很清楚该如何去做，因为在工作和社会生活中，当你想要和人建立关系的时候，当你需要重置或者调整一段关系的时候，你可能已经多次采取这种态度了。因此，我们最好不要把它当作一种交流方法，而是将其视为一种适用于各种各样的情境的行为模式。

回想一下，"当下的谦逊"如何帮助你获取信息，并引导你与另一个人建立一种更积极开放的二级关系。你能想出不同的方法来处理棘手的对话吗？比如在激烈的争吵中，你是否会选择用一个谦逊的问题化解冲突、厘清问题？前一章中提到了两个例子，一个对女儿大吼大叫的父亲和一个没有意识到自己其实很依赖右后卫的四分卫，我们也解释了如何利用谦逊的问讯法去化解这两个难题，这两个例子可以作为参考。

利用谦逊的问讯法打破僵局，找到问题所在，使对话得以顺利进行——我们已经见识到了谦逊的问讯的妙用，也进行了相关学习。谦逊的问讯使我们能够帮到他人，即使这不是我们的主要目的。而当你的目的是提供指导、辅导（Coaching）和咨询，可以采取哪些不同的行动呢？为了明确谦逊的问讯法

与治疗专家、教练和咨询师采用的问讯法有何区别，我们将在
下一章中探讨其他形式的问讯以及它们重合的部分。

◦⊐ 练习

通过这一章的学习，你或许能回忆起自己曾经给出的
建设性意见或通过谦逊的问讯建立关系的经历。根据你回
忆起的事例，或者你在第一章的练习中回想起的经历，回
答以下问题：

- 是什么促使你以谦逊的问讯方式介入谈话？
- 你做了什么？你用了哪些词？你表现出了什么态度？
- 预期（或意外）的积极（或消极）结果是什么？
- 到目前为止你学到了什么？

这种自我分析是为了让你了解自己掌握的技能、自身存
在的缺陷，以及你需要摒弃的旧习惯和需要学习的新技能。

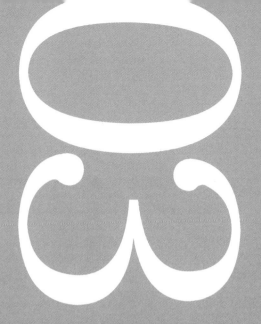

第 3 章
CHAPTER 3

谦逊的问讯有何独特之处

理解谦逊的问讯法的最佳方式之一，就是将其与其他形式的问讯进行比较。我们往往认为，问讯或说教的选择取决于个人，但事实上，不同形式的表达会造成不同的结果。在上一章中，我们深入探讨了谦逊的问讯的基本要素，而这些要素可以在多种情况下发挥重要作用。在本章，我们将介绍专业人士（如教师、教练、咨询师和治疗专家）所使用的辅助性问讯法。

首先，在几种问讯法之间，最根本的区别在于其目的。谦逊的问讯旨在缩小知识盲区，理解复杂的情况，并在此过程中拉近关系。相反，**辅助性**的问讯主要关乎教学、辅导、咨询和治疗。专业人士经常在沟通的早期阶段使用谦逊的问讯，因为拉近关系对于他们后续工作的开展至关重要；但反过来，刻意通过谦逊的问讯来控制对方，通常很快就会被对方发觉，进而产生适得其反的效果。

辅助性问讯的类型

辅助性问讯可用于对他人施加影响。辅助者（Helpers）也希望能尽可能多地了解对方，以建立一种开放和信任的二级关系，因而辅助者可能会发现，开始一段关系的最佳方式就是谦逊的问讯。随着对方的问题逐渐变得清晰，辅助者可以转而使用其他三种形式的问讯法：

诊断式问讯可以将当事人的思维和谈话引导至辅助者认为会有帮助的领域。

面质式问讯不仅会影响谈话的方向，还会把辅助者自身的想法、概念或建议以问题的形式表现出来。针对每种类型的问讯，其作用方式和影响程度都不同。

过程导向式问讯会请委托人（Client）检查实际的辅助流程，以便辅助者和委托人对辅助是否有效做出评估。

诊断式问讯

当你对他人所说的某件事感到好奇并选择继续关注这个话题时，最常见的做法就是用诊断式问讯代替谦逊的问讯。在这种情况下，你不是在**说教**，而是在**引导**对话，让对方重点阐述你感兴趣的事情。此时，你可能并不关心自己会对他人产生何种影响。上一章的例子正好说明了这一点——埃德问道："行政副总裁都负责哪些事务呢？"这个例子可以被视作谦逊的问讯，因为埃德确实对此一无所知，也没有提供意见的打算。而埃德所得到的答案充满了不耐烦和傲慢，这清楚地说明了对方可能认为你在打岔，或者试图转移话题。

通过提出**诊断式**问题，而不是鼓励对方继续说下去，你将把握谈话的方向。因此，你需要考虑这是否可取。此时最关键的问题在于，你的介入是否有助于解决实际问题，抑或是你是否只是在放任自己的好奇心，而这样做对实际情况没有丝毫帮助。关于诊断式问讯，最糟糕的例子莫过于记者想方设法地套出一些"有价值"的新闻，律师引导证人说出对己方有利的信息，销售人员向客户推销他们并不需要的东西，辩手诱导对方肯定一个站不住脚的立场，以及审讯者千方百计地获得被提审人的供词。

诊断式问讯可以分为三种类型：第一种是想了解情况；第二种是为了引起情绪反应；第三种是试图弄清已经采取或计划采取的行动。这些问题可以被视为不同类型的干预措施，以帮助对方确定自己所处的情境。

了解情况

辅助者提出"为什么你会这么想"这个问题，其实是在询问他人说话做事的动机或者原因，从而让对方专注于自己的思考过程或行为目的。尽管这些问题看起来似乎没有什么意义，对当事人也没有什么帮助，但它们暂时成为话题的中心，控制了谈话的局面，这也可能会使对方思考一些与当前问题或任务不完全相关的事情。

情绪反应

"你对此感觉如何？"这个问题与谦逊的问讯不同，因为他人可能并不愿意透露自己的真实感受。关心他人的感受可以使人际关系变得更加紧密，这在某些情境下能帮助提问者像采取谦逊的问讯那样，很好地与对方共情。然而，效果也可能恰恰相反，因为并非每个人都愿意谈论自己的情绪，甚至有些人并不清楚自己目前的感受。

已经采取或计划采取的行动

"你对此做了什么？"和"你下一步打算做什么？"这两个围绕行动展开的问题显然旨在帮助他人专注于他们做过的事或未来计划要做的事。正如下面的例子所示，这种提问方式往往很有帮助，并且与谦逊的问讯有部分重合。这个例子也包含了面质式问讯，即辅助者把自己认为对方应该做的事通过提问的形式表达出来。

受邀进行企业文化的研究

埃德接到一家大型电力公司组织发展部负责人的电话，询问他是否愿意对他们的企业进行企业文化分析。埃德询问这一要求是否出自 CEO 之口——为了了解该公司是否有变革的决心。为了进一步验证这一点，埃德询问 CEO 是否愿意在家中会面，因为直接出现在客户的公司是一种干预，可能会造成一些意想不到的后果，而这是双方在早期沟通阶段都不想看到的。CEO 表示同意。几周后，他带着 COO（首席运营官）和发展部的负责人赶赴埃德的家中会面——发展部负责人是企业文化变革计划中的项目经理。于是，他们在埃德家的花园里进行了一场相对放松的对话。

埃德：（以谦逊的问讯开头）能简单介绍一下贵公司的计划吗？

CEO：我们公司有些年头了，企业文化十分僵化古板。我们需要改变现有的企业文化，以适应当前的时代。

埃德：你能给我举个例子，说明什么叫僵化古板的企业文化吗？（谦逊的问讯）

此时，COO 加入了讨论，他进公司大约一年，而当初他被聘用，部分原因就是为了推动公司变革。

COO：我可以给你讲一个昨天发生在我身上的例子。我创建了一个 15 人的工作组，每隔几周就与他们会面一次，制订革新计划。我们会面的地点是一个很大的圆形房间，所以大家每次都会坐在固定的座位上——我相信很多小组开会时都是这样的。但昨天开会只来了五个人，结果你猜怎么着？他们还是按照原来的位置入座，每个人都隔得很远。这太让我惊讶了。这就是一个很典型的例子，说明我们公司被僵化的文化束缚已久，现在，我们需要你的帮助来进一步评估并制订变革计划。

　　埃德： 我也很惊讶。那你当时是怎么做的呢？（诊断式问讯）

　　在沉默了很长时间后，COO 脱口说道："天哪，我什么都没做！"

　　又是一阵漫长的沉默，我们四个人都若有所思。

　　CEO： 你刚才说你什么都没做，让我明白了，我们需要的不是外部的评估，而是现在就开始剔除那些陈规陋习。我们一直默许甚至鼓励这种僵化的模式，所以我们现在需要改变自己的行为，让大家知道不能再按老一套的方法做事。现在有了埃德的帮助，我们都回忆一下自己都在什么时候默许了一些不好的行为，以及今后可以如何改进吧。

　　随后他们进行了一场非常有建设性的讨论，制定了革新目标，并计划在几周后再次召开会议，分享革新带来的变化。在接下来的几个月里，我们又在线上进行了数次讨论，埃德了解到变革小组取得了巨大进展，他们已经列出了希望在公司看到员工有什么样的行为，以及什么样的行为会受到鼓励和表扬。

　　埃德下意识地提出了一个诊断式问题，他并不知道这会有效地帮助客户摆脱惯性思维。革新小组在某种程度上忘记了，或者说他们从未意识到，上位者有义务去制定新的行为规范，而且他们有权在其中植入新的价值观念。他们需要的不是研究企业文化，而是改变自己的行为模式，然后讨论具体需要做出哪些改变。与此同时，我们还需要注意的是，埃德起初通过谦逊的问讯（"你能给我举个例子吗？"）引出了那个卓有成效的诊断式问题"你当时是怎么做的？"。

与总体形势有关的、统领全局的系统性问题

了解客户的故事，有助于辅助者理解故事中的其他参与者及其相互之间的关系，从而确定客户的家人、朋友、老板、同事或其他人在整个复杂的人际系统中所扮演的角色。如果他们要帮助客户更好地了解他们所处的境况，就需要询问这个系统中的其他人是如何思考、感受和行动的。从另一个角度切入，往往会使客户重新审视自己之前所说的内容，这也是理解整个人际系统的关键，因此，这也是谦逊的问讯不可或缺的一部分。以下问题可能有利于帮助客户从其他角度看待自己所处的情境。

"你认为他们是怎么想的？"

（了解情况）

"你认为小组成员对此有何感受？"

（情绪反应）

"他（他们）在当时做了什么？"

（采取的措施）

下面这个例子可以说明理解整个人际系统的重要性，其中的经理就扮演了辅助者的角色。

负责任的电气工人和乐于助人的老板

一家大型城市能源公司对佩戴防护设备（如面罩）有着非常严格的规定。然而，在例行检查时，检查人员发现一名工人把防护罩推了上去，以至于面部和眼睛都暴露在外，十分危险。那名工人立即被解雇了，但经理坚持要彻查此事。

经理：你在想什么？你知道公司的规矩，并且不戴防护罩的话，你的眼睛很可能会受伤。你能告诉我那天发生了什么吗？（教导，然后谦逊地询问）

员工：那天我走进地下服务站，开始修理设备。天气又热又潮，所以我的防护罩起雾了，什么也看不见，但我必须把零件都接好。

经理：公司没有提供防雾面罩吗？（诊断式问讯）

员工：没有，我们只有一种类型的面罩，这种天气下显然不太管用。

经理：你身边没有其他人可以帮忙的吗？（系统性问题）

员工：还有一位同事，但是他也看不见，所以我只能把防护罩推了上去。

后来，这位向来严格遵守安全准则的员工不仅恢复了职务，还加入了一个特设工作组。该工作组的任务是找到一家供应商，采购即使在潮湿天气下也不会起雾的安全防护罩，并建议总部向所有服务站的工作人员发放新防护罩。在此，系统性问题揭示了一个重大的安全问题，而此前该公司要么没有注意到，要么因为成本过于高昂而没有理会这个问题。

在上面的例子中，经理以"你在想什么"开始指责员工。但在这种情况下，这种指责是有效的，因为员工可以从随后的问题中听出经理是在关心他，而不是单纯指责他不遵守规定。在最重要的问题上，这位经理态度诚恳："你能告诉我那天发生了什么吗？"他传达出的意思是，双方需要弄清事情的真相，而不是简单地惩罚了事。经理提出的这些问题是诊断式的，但他采用了谦逊的问讯态度——提出的问题是开放性的，所以双方不会有误解。这样的问题是否可以被归为谦逊的问讯，取决于提问的语气、对话的情境以及双方的关系。

面质式问讯

面质式问讯不同于诊断式问讯，因为辅助者可能会有意以问题的形式在谈话中插入自己的想法。辅助者——或是出于好奇，或是出于兴趣——提出了这样的问题，但他会暗示自己对接下来可能发生或应该发生的事情有何建议。面质式问讯是为了找出辅助者所需的信息或者与辅助者所要解决的问题有关的信息。在这种情况下，谈话的重心逐渐从客户转向**辅助者**。

根据面质式问讯的定义可知，提问者主导了谈话的过程和内容，所以我们一般不认为面质式问讯属于谦逊的问讯。自以为是地给出建议往往会招致反感，而收到建议的一方会觉得必须解释或捍卫自己的观点和行为，这会使二级关系的建立变得更加困难。

但如果是出于利他的动机，并且双方建立了足够的信任，提问者能让对方感觉得到帮助，而不是受到挑战，那么面质式问讯有时也会产生与谦逊的问讯相同的效果。这是因为提问的时机、提问者的语气和话语中的暗示，都能够表明提问者的目的。因此在提出面质式问题之前，最关键的就是**想清楚**自己为什么要发问。你是出于好奇才提问，还是一不小心落入了陷阱，认为自己知道答案，只是想通过提问的方式来验证其正确性？如果你只是在验证自己的想法，你就已经在进行**说教**了，那么对方有防备心理也就不足为奇了。

在面质式问讯中，如果提问者不清楚自己的目的，负面结果可能要严重得多。下面，我们会举例说明这一点。

罐头生产线问题与提出面质式问题的主管

马克是机械工程专业的一名学生，毕业后决定在一家大型国际包装食品公司参加为期一年的精英管理培训课程。培训完成后，马克被送到蒙大拿州的一家水果罐头厂，负责一条大型罐头生产线，接管了一个 15 人的工作组。马克为人随和、好相处，很快就和罐头生产线的老员工们打成一片。

不幸的是，他们使用的罐装机器非常老旧，总是会出现故障，时不时就需要维修，而维修一次就要花费大量时间，导致工作人员根本无法达到生产目标。由于没有达成目标，马克的主管立即打电话给马克，要求知道问题出在谁身上，还要解雇那个人（面质式问题）。

马克解释得很清楚，机器老化，需要定期进行维修，而维修就意味着停产。但马克的主管依然觉得肯定有人在浑水摸鱼，必须要找出这个人，给他点教训。马克的解释没能改变主管的想法，他渐渐意识到，其他经理大多也有同样的想法。这家罐头厂只知道责备员工，而不是解决问题，这种思维深深植根于企业文化中。于是，马克一年后离开了该公司。其实，离职最根本的问题就在于，管理层不懂得聆听——他们既忽略了老化机器的轰鸣，也对马克和工作组人员的解释充耳不闻。

这个案例很好地展示了，当提出面质式问题的人不去理会对方的回答时，会造成何种后果。与电力公司的主管截然不同，马克的主管是在教导，而不是问讯。他全程都在指责他人，而没有试着去解决问题。如果这位主管使用了谦逊的问讯法，哪怕是诊断式问讯，也会促使公司计划更换罐头生产线的机器。而现在，他们白白失去了一位能干的工程师——没有哪位工程师愿意在只会提出面质式问题的管理层手下工作（除非是头脑不清醒）。

辅助者与谦逊的问讯者之间最大的不同之处在于，前者使用诊断式问讯或面质式问讯。因此，在讨论过程导向式问讯之前，我们要再次强调这两者（见表 3-1）的差异。

表 3-1　诊断式问讯与面质式问讯

	诊断式问讯	面质式问讯
了解情况	你认为他们为什么要那样做	他们这么做是因为害怕吗
情绪反应	你对此感觉如何	你难道不生气吗
行动	你做了些什么	你怎么什么都不说
系统性	房间里的其他人有什么反应	房间里的其他人对此感到惊讶吗

过程导向式问讯

在谈话中，我们可以将对话的焦点转移到对话本身。而是否要选择谦逊的问讯，则取决于人们转移对话焦点的目的。如果你试图建立一段良好的关系，却感觉对方离你越来越疏远，那么你就可以通过谦逊地询问"你还好吗？"或"怎么了？"来探讨可能出现的问题及其改进措施。

过程导向式问讯中断了原本的对话，将谈话的重点放在了当前的情境和双方互动上。具体的措辞在很大程度上取决于实际情况。一般来说，这种问讯方式能使对方（客户）意识到可以重新看待和分析双方的交流互动及其效果。如果你希望实现谦逊的问讯效果，可情况并不理想，可以考虑问对方以下问题：

- 我们现在的进展如何？
- 你认为我们之间有什么问题吗？
- 我们是不是有点过了？
- 我冒犯到你了吗？
- 我们是不是应该稍微保持距离？

过程导向式问讯也可以是诊断式（你为什么用这种方式告诉我存在的问题？）、面质式（我刚才只是想告诉你我的感受，你怎么这么提防我？）和系统性（我问其他人的事是不是打乱了你的思路？）的。

过程导向式问讯所蕴含的能量不可忽视，因为它关注了关系本身，能够让双方评估是否实现了这段关系中的目标。

这种问讯方法也可以与"当下的谦逊"一起使用，但难度颇高。因为在我们的文化背景下，这种对话既不具备建设性，效率也很低下。我们习惯于被驱使着去完成任务、解决问题，而不会停下脚步，询问自己和他人当前的感受如何。尽管如此，过程导向式问讯往往是打破僵局的利器，因为它让双方有机会去"重置"，并重新审视他们的目的，如此一来，便能以另一种方式去调整和重申他们对这段关系的期望。当双方都希望拉近关系，而交流却出了问题时，这种"重置"就显得尤为重要了。在双方冷静下来以后，过程导向式问讯就可以发挥作用了。比如在第 1 章的例子（那位麻省理工的研究生对他的女儿大吼大叫）中，如果采用过程导向式问讯法，就有助于修复家庭关系。

你提问时，问题的内容决定了结果。

总结

现在，我们已经了解了各种形式的问讯和教导。但如果只是嘴上说说自己要"多问讯，少说教"，我们并不能建立开放、相互信任和积极的二级关系，也不足以帮助他人。谦逊的问讯以内心的态度为起点，以提出的问题为支撑。我们越能克制自己不要对对方产生先入为主的看法，对对方保持好奇心的时间越长，就越有可能在提问的当下采取正确的问法。我们越是在谈话中强调合作利他，就越有可能改善彼此的关系。而攀比炫耀，比如试图讲一个比别人更好玩的笑话，则更有可能对双方关系造成损害。因此，我们最好根据情境的需要，将各种形式的辅助性问讯与谦逊的问讯结合起来进行使用。

提出诊断式问题和面质式问题就像教导一样，来得非常自然和轻易。而谦逊的问讯则需要你约束自己并积极行动，要充分了解自己的无知，并至少在对话初期保持对他人的关注。随着开放和信任的关系的建立，我们的对话模式会在谦逊的问讯和各种形式的诊断式、面质式和过程导向式问讯之间来回切换，而这些不同的问讯方式往往可以有效融合。不过，在转换问讯方式时，时时刻刻都要谨慎。

如果我们学会了这些技巧，就有可能给谈话带来积极的影响，巩固双方的关系。在很多时候，这也许无关紧要，或者双方并不在乎关系如何。然而，当你需要依赖他人，当你作为负责人需要同事坦诚相待、倾力相助时，在适当的时机使用谦逊的问讯便可以打开信息交流的大门。

➡ 练习

至此，本书已经介绍了使用谦逊的问讯法的时机、谦逊的问讯法如何发挥作用，以及它与其他形式的问讯法之间的联系。请回顾一下你使用不同的问讯方式，成功建立人际关系和解读复杂情境的经验。

你是否能回想起成功的案例并将其与失败的案例进行对比呢？有了对比总结，我们就可以在此基础上深入分析为何谦逊的问讯在实际应用中不如设想的那样自然流畅。

本书的最后一部分提供了一系列的练习，进一步探讨了各种问讯方式之间的区别，读者或许可以从这些练习中体会到别样的乐趣。

第 4 章
CHAPTER 4

以成果为导向、热衷于教导的文化

人们成长、生活和工作所处的文化氛围是促进或阻碍谦逊的问讯的一个关键因素。就美国人而言，我们的宏观文化塑造了我们对生活、爱、工作和死亡的看法。我们的生活与工作都充斥着一种"技术至上"的文化，它主要受专业、职业、行业和市场的驱动。而我们的社会文化一方面维护着我们的宏观文化规范，另一方面又适应了宏观文化规范，为我们设定好了自己在日常社会生活中所扮演的角色和需要遵守的规则——我们要"礼貌""得体"或者"讲礼仪"。

我们可以试着回过头来审视我们的文化，并以一种客观的态度对其进行分析。此时，我们可以将语言、艺术、设计和社会习俗都视为"人工饰物"。文化领域的人工饰物还包括我们的所见所闻和以其他方式体验到的日常行为。然而，有些人工饰物没那么浅显易懂，所以我们必须与他人交谈，向他们询问其中的含义。提到美国文化，我们便会联想到它所传达的价值观：自由、平等、个人权利的保障，以及"宪法赋予的那些基本权利"。

但当我们将那些所谓的人工饰物和日常行为与我们所信奉的价值观相比较时，往往又会发现两者存在许多不一致的地方。这提示我们，我们的文化还有一个更深的层面，包含着许多"潜移默化"的观念。这些观念可能一度十分新潮，而当人们发现这些价值观所激励的行为有助于美国的存续和发展时，它们就会在美国生根发芽，最终被人们视为理所当然和不容置疑的原则。而正是这些"默认"的观念驱动了我们的外显行为，并决定了我们现实的社会生活是何模样。

有趣的是，美国人声称自己重视团队合作，并教导团队成员"要有团队精神"，但我们的晋升和奖励机制却鼓励个人主义和相互竞争。我们宣称自己支持机会平等、信奉自由，但现实是少数族裔的受教育机会并不平等，还会受到各种歧视。这说明在这些响亮的口号之下，可能还潜藏着一些价值观，它们源于"坚定的个人主义"和"自我决定"观念。这些价值观相互作用，深刻地影响着我们的行为举止。

这些潜移默化的价值观是我们文化的基础，它们可能相互一致，也可能相互冲突。例如，对于单线任务，我们提倡个人主义和竞争，但当任务复杂且需要协作时，我们则呼吁团队合作。这种看似矛盾的现象背后隐藏着的是实用主义观念——我们以任务为导向，提倡行之有效的价值观和方法。与其他文化不同，美国文化可以在价值观的对立和冲突中蓬勃发展，其原因就在于实用主义在不断变化的物质和社会环境中，表现出了高度的适应性和灵活性。因此，关于谦逊等价值观，我们只要知道"当下的谦逊"这个概念能够帮助我们有效适应社会环境即可，至于其是不是一种重要的人格特质，就没有争论的必要了。

一般而言，文化都有一套关于阶级和尊重的规则，这些规则都源于该文化对于地位高低的深刻理解。在许多社会，人们对于出身显赫的人尊重有加。而在更加平等和更加强调个人主义的社会，我们倾向于尊重成就伟业之人、白手起家的实干家，甚至是反叛者和革命者。在那些成就斐然的人面前，我们可能会生出一些谦卑之感。然而，对于其他人，我们往往不会表现出"当下的谦逊"，因为我们甚至都没意识到双方的相互依赖。

重视成果而非关系

我们不妨对美国文化进行更深入的分析：美国人通常认为，社会是由个体组成的，其权利应该受到保护。我们有创业精神，崇尚个人成就。我们也享受竞争的氛围。乐观主义和实用主义使我们始终在短期效益与长期规划之间举棋不定。我们不怕挫折，因为即使事情发展到最坏的地步，我们也能想办法渡过难关。其他文化背景的人常常指责美国人傲慢自大，因为我们从心底里相信自己无所不能。"一切皆有可能，所谓不可能的事物，只是需要更长的时间加以实现而已"，此乃金科玉律。

在某些文化中，人际关系是完成工作的必要因素，人们需要花时间去同他人建立信任关系。而在美国，我们常常会对这种社交活动感到厌烦，宁愿立刻着手工作也不愿和人交流。随着信息技术的发展让现代生活的方方面面变得更加便捷，我们可能会变得更加没有耐心。最重要的是，美国文化在各个方面都展现出一种强烈的偏见，即过分看重任务的完成而非建立良好的人际关系。而我们可能压根没有意识到这种偏见，或者更糟糕的是，我们根本对此漠不关心——何必费力修复人际关系呢，等闹掰了再说吧。

这种极其个人主义且以任务为导向的偏见，来自一种模糊的感觉，即"我们从未真正喜欢或信任团体"。我们往往认为成立委员会或召开会议就是在浪费时间，因为团队决策只会分散责任。只有在看得到实际成果时，我们才会在团队建设上花费金钱和时间。我们在公共场合宣扬团队合作，向获胜的团队表示祝贺（这是一种社会公认的价值观），但我们依然坚信，如果没有能力出众的个人，这个团队就不会取得胜利。而在通常情况下，这个团队里的"主角"也会获得最为丰厚的奖励。

有时，我们甚至根本不清楚团队合作的重要性。比如美国虽然拥有全球跑得最快的运动员，却经常在奥运会的接力赛上铩羽而归，就因为没能传递好接力棒。就个人而言，这些运动员是伟大的体育明星，但从团体的角度来说，他们的任务还是失败了。我们习惯于将责任与个人捆绑在一起，赞美胜利者，指责失败者。我们坚信，每个人都"责无旁贷"。

我们往往重视个人能力，忽略了人际关系和团队合作的重要性。例如，我们喜欢在与人交谈时逞口舌之快，喜欢耍小聪明，甚至卖给客户一些他们本不需要的产品。我们信奉"买者自负"（客户购物时有责任检查所购产品是否有问题），相信"每分钟都有一个傻瓜诞生"的论调，而这也让我们变得心安理得。我们重视个人自由，却丝毫没有察觉到这会导致竞争，还会滋生猜疑以及不信任感。

在许多美国公司，人们的地位和声望直接与任务挂钩。一旦个人成就出众，他就会认为自己有权对他人指手画脚，完全无视自己在公司实际的等级如何。最优秀的工程师和销售经理通常会晋升，从而获得指导他人的权力。公开薪酬是展现地位的一种常见手段，某些公司会根据管理人员在"团队"中领导的下级人数来制定他们的薪酬标准。

有些科技公司为拥有特殊技能和做出突出贡献的技术专

家设计了平行职业阶梯（影子层级）。然而，这种平行阶梯并不一定能有效弥补正式管理层级的缺陷，因为它形成了一种充满个人主义和事务性的文化偏见——所有的一切都旨在推进和完成任务。有时为了达成目标，不同层级的员工也可以保持良好的社交关系，但如果这种关系导致分配工作和奖励时存在隐性的不公平现象（违反了美国精英主义所拥护的平等与秩序的价值观），那它就会被视为危险之物。

现代美国医疗系统因限制了医生与患者相处的时间而备受指责，因为人们坚信让医生与患者拉近关系本身就是一剂良药。但我们也认为，限制患者的就诊时间是有必要的，因为我们接受了一个更深层次、潜移默化的观念，即医疗系统应当更看重经济指标而非社会福利。尽管越来越多的证据表明医生和患者沟通失利会导致治疗失败，但我们还是认为这些都可以让步于经济。我们认同整个社会都应该以经济、高效的方式完成任务，简单来说就是在单位时间内完成尽可能多的任务，而建立人际关系可能需要付出高昂的时间和金钱成本，因而并不划算。

如果你觉得以上针对美国管理文化的言辞过于激烈，那我们深表歉意。这种管理文化当然也有其可取之处，但我们在接触美国文化中这些潜移默化的深层观念时，必须清楚地看到它们与我们所信奉的人文主义价值观在很多方面大相径庭。而这种实用主义、个人主义、竞争性、任务导向型文化所带来的后果就是，谦逊在工作、生产力方面的价值相对较低，谦逊的问讯对于我们来说并非本能的反应。

当一种文化倾向于教导而非询问

我们往往想当然地认为，教导比询问更加合适。只有正确的问题才有价值，而一般的问题则不值一提。我们甚至还会认为，**正确的问题**可以巧妙高效地促进任务的完成，而无知者的提问则会暴露弱点。我们喜欢被人当成专家崇拜，因此克制不住教导别人的冲动。（有个笑话是这么说的："哇，他知道的真多，而且有时竟然还是对的。"）尤其是在面对他人的提问，或是成为某一领域的权威时，我们就会更加倾向于去教导他人。

埃德曾经问过一些管理专业的学生，晋升为经理对他们来说意味着什么。他们毫不犹豫地回答："意味着我可以教别人做事。"

显而易见，这种现象中隐藏着一种危险的设想：人们只要被提拔到更高的位置，就会豁然开朗，什么都*知道*了。如果一位管理者询问下级"我们该怎么做？"，那他的这一行为就会被其他人视为退让、示弱，未能履行其领导职责。人们普遍认为，如果你是经理或领导者，你就应该知道该怎么做，至少你得表现出你知道的样子。

对我们来说，教导是一种合乎预期（expected）、值得尊重的管理方式，而且当我们认为自己的教导解决了别人的问题时，也会感觉良好。还有什么能比别人要求你给他们提点建议更令人愉悦的呢？更何况，我们想当然地假设自己的反馈或建议会得到重视。提供反馈对我们大部分人来说很容易，尤其是那些担任领导职位的人。但直到后来我们才发现，我们的建议往往被忽视，而不是被重视，甚至可能被认为是一种冒犯。

许多人依然生活在斯蒂芬·波特（Stephen Potter）笔下那种用尽各种手段投机取巧，试图高人一等、巧占上风的环境中。[3]英国人向来是幽默大师，与此同时，他们也对西方文化重视竞争的现象做出了更深刻的诠释。波特就指出，要在对话中"巧占上风"，可以采用这样几种方式：说俏皮话；嘲讽高谈阔论的人；妙语连珠，就算会冒犯到其他人也在所不惜。可见即使是在谈话之中，我们也依然在竞争——谁的故事最有趣，谁的冒险最惊险，谁的笑话最好笑。

当然，这种好胜心必须合乎文化礼仪的规范，在谈话中让他人感到尴尬或羞辱总归是不够得体的。如果一个人一直如此，那么他可能会被社会排斥。特别是在美国，人们越来越无法容忍言语上的欺凌。波特在"投机取巧"一章的副标题中指出，要想投机取巧，就必须知道"如何钻空子"。而要想很好地"巧占上风"，就要懂得"在不被人讨厌的情况下逃脱惩罚"。

所有这一切都在暗示很多美国人持有的一种非输即赢的零和思维。如果你不先去教导别人，别人就会反过来教导你，并获得旁人的认可，然后成为领头人物。如果你不是领导，那么你就是随从、下级。人们自古以来就习惯于追寻做事果决的"首领"，难道不是吗？除非迫不得已，我们很少会以双方互惠的合作为目标。

另外，我们对教导的热衷也来源于我们对直入主题的期望。如果对方的言语令我们不知所云，那我们就会问："你到底想说什么？"我们希望对话能够正中靶心，而这靠的是教导而非询问更多开放性问题。教导能让我们单刀直入，不再绕弯子。我们在开启教导模式时，是希望能够领导他人，打动他人，留下深刻印象，获得愉悦感。而当开启提问和倾听模式时，我们是心甘情愿被领导、取悦他人甚至被打扰，但这种模式常被视为过于被动，而且对任务无益。

我们的同事洛特·拜林（Lotte Bailyn）认为，这在很大程度上也与传统上爱说教的精英男性形象相契合，这让我们不由得怀疑，这些价值观是否阻碍了女性在职场中的晋升与发展。[4] 如果有更多的女性进入管理层，而且这些女性也倾向于使用谦逊的问讯，从而拉近职场中的距离，建立跨等级的二级人际关系，那么美国的管理文化会发生改变吗？

无论答案如何，我们始终都要记住第 1 章所指出的，留意教导存在的问题及相关的陷阱，参见如下示例。

短期有利，长期有害？

20 世纪 90 年代中期，彼时万维网的发展才刚刚起步，帕特（Pat）是一家科技公司的产品经理。该公司持续研发新技术，迅速开拓新市场，发展势头十分强劲。当时帕特正主持一个综合性项目，该项目有两个主要负责人，帕特主管软件方面，克里斯（Chris）负责信息方面。这种人为的分工（其实是合作关系）既能让公司在两个方面同时得到发展，也能使其内部保持同步。二人在自己的专业领域都很优秀，并且属于同一个产品团队。

在产品规划阶段，该团队遇到了瓶颈，尽管当时事态紧急，需要迅速做出决定，但整个团队始终犹豫不决。帕特认为此时需要有人果断站出来，为大家指明方向，这样一方面可以展现个人的勇气与权威，另一方面又可以保持整个团队的前进势头。

帕特： 好了，我说一下我们接下来要做的几件事……（教导，做出决定）

整个小组对此做出了回应：有人赞同帕特的想法并加以附和，随后大家举手表决。由于帕特的想法获得了多数人的支持，整个团队接下来会按照他的计划继续推进并调整相关战略。这也使得小组会议打破僵局，重回正轨，进入下一个重要阶段。

然而克里斯在开会时全程都面无表情，那天晚些时候，他来找帕特对质。

克里斯： 到底是怎么回事？

帕特有点惊讶，因为他还以为团队取得了不错的进展。

克里斯： 你不能直接向大家宣布"接下来要做几件事"。

克里斯解释说，帕特作为同事与合作伙伴过分强调领导与权威，直接当众宣布"接下来要做什么"的行为太过专断，他甚至没有问问团队"可以"或"应该"做什么。这场会议本是两位负责人共同主持的，所以他没有权力这样指点江山。

也就是说，帕特的行为符合美国式的管理规范，即果断决绝、树立权威——人们在犹豫不决的时候，总是希望有这样一位了不起的领导者出面主持大局。克里斯则完全不同，而他的沮丧（或者愤怒）也情有可原，因为在他看来，帕特以个人"意志"去左右团队的发展方向，还带领大家走上了一条前途未卜的路。同时，帕特的做法也会造成一种错觉，即帕特才是这个团队的老大或真正的领导，可事实并非如此，所以克里斯才会强烈反对。

那么问题出在哪里呢？其实，在以成果为导向、热衷于教导的美国式管理文化的背景下，人们在措辞时常常受到种种规范的约束，从而无法组织出细腻而有力量的话语。帕特很可能觉得使用"可能""应该"这样模糊的词语会削弱他的领导力和威信。而在这种关键时刻，一一询问小组成员会在几种可能的方向之间做出何种选择，显然也是不可能的。于是，帕特选择使用"要"这个字，产生了意料之外的糟糕后果，即团队出现（而不是消除）了分裂，而这实际上削弱了领导者的权威。从长远来看，他的做法甚至有可能破坏团队的和谐。

难道美国式管理文化对于果断决策的偏爱已经到了这种地步？难道克里斯就不能直接在开会时提出异议，并委婉地质疑帕特的主张吗？帕特不能和同为负责人的克里斯商讨一番，再当众宣布他们的决定吗？这些问题反映出美国文化主流观念所孕育出的职场（管理）文化规范，可能会在小组会议中变得相当强制，从而在无形之中强化了同行竞争的更深层次观念。好在克里斯在会议结束后提出了这个问题，如果他们真的想要共同领导小组，强调团队参与和集体决策，这将是一个不错的开始。如果帕特能够听进去克里斯的话，他们就可以重新合作，共同领导整个团队。不过在通常情况下，教导往往会对组内状态（groups dynamics）产生负面影响，而这种影响需要很长时间才能修复。

必须通过合作和谦逊的问讯来中和竞争与教导。

为何谦逊的问讯在当今世界变得如此重要

当然，美国的文化远远不止上述这些。然而，当今世界瞬息万变，我们正从蓬勃发展的工业机器时代过渡至一个技术复杂化、全球互联互通的时代。我们面临着恐怖袭击、流行病和气候变化等各项挑战，要学习应对一个VUCA[VUCA 是 volatility（易变性）、uncertainty（不确定性）、complexity（复杂性）、ambiguity（模糊性）的缩写] 的世界。随着信息技术的发展，人们越发认识到人与人之间关系复杂，是相互依存的，而文化中的个人主义竞争倾向越来越清晰可见，其危险程度也大大加深。

举例来说，如今在做手术时，外科医生、麻醉师、专业技术人员和护理人员必须完美协作才能成功完成复杂的操作。他们不仅职能分工和岗位等级不同，甚至可能来自不同的世代和不同的国家，因此这些人在人际关系和看待权威方面有着不同的价值观和规范。对于这样的外科团队来说，建立开放和信任的二级关系不是可选项，而是成功完成任务的必选项。

如今，许多任务就像跷跷板上的人一样，忽高忽低，难以平稳。在许多团队项目中，要赢得"比赛"的胜利，就意味着每个位置的人都要发挥自己的作用。合唱队的所有成员必须一起练习，这样每个人才能适应不同指挥的手势动作；安全驾驶商业客机需要全体机组人员完美协作；石油和天然气产业、化学工业和核工业中的各种操作流程也是如此。以上所有情况都需要团队成员建立起超越职场性质的私人关系。要知道，只靠检查表和官方的协调程序是远远不够的，因为意外随时可能到来。通过谦逊的问讯，团队可以建立二级关系，从而促使团队成员共同学习和进步。当建立了更高水平的信任时，他们就能在交流中敞开心扉，从而在意外发生时更好地应对。团队合作靠的不是筛选出合适的人并将其纳入团队，而是团队成员一起学习如何"相互依赖"。[5]

讽刺的是，在看到人们因为发展出了二级关系和更高等级的信任从而完美地完成任务时，我们会心生钦佩，并将之视为一种反常现象。尽管直觉和经验告诉我们，在遇到错综复杂的任务时，选择与我们认识并信任的人合作往往会事半功倍，我们却总是不愿花费精力、时间和金钱来建立二级关系。但是当这种关系因为工作需要而被建立起来时，我们又会觉得它十分珍贵。比如士兵们就建立了极为亲密的个人关系——他们是"战友"。我们钦佩他们对彼此的忠诚以及那种英雄主义精神。然而，我们在公司里看到如此深厚的关系时，却往往会惊讶不已。更糟糕的是，当预算紧张时，团建项目（如为期数天的外地团建活动）一般会被第一个砍掉。

总结

美国文化以成果为导向，进一步巩固了有关实用主义、个人主义、竞争和身份地位的深层观念。这些潜移默化的观念以完成任务为首要目标，并与个人主义相结合，导致人们忽视了关系建立、团队合作和集体协作。鉴于这种文化倾向，以成果为导向和教导往往比问讯、聆听和建立关系更受大家看重。然而，随着任务越来越复杂，人们愈加依赖彼此，通过谦逊的问讯相互协作、形成团队合作和建立人际关系，可能是完成任务的最佳方式，也是生存的关键。

> 🔗 **练习**
>
> 如今，不仅未来主义者认为世界势必会发生巨变，人人都对此心知肚明。而本书认为，谦逊的问讯能够帮助我

们应对这样飞速变化的世界。我们如今所面临的混乱（甚至可以称之为动荡）迫使我们重视询问，而非教导。"谦逊的问讯"思维为我们提供了一种了解世界的新方法，而不是固守旧的思维模式——让当下之事与我们现有的模式相适应，你是否同意这一点呢？

　　结合下表，回忆上一章的内容以及你在文化和工作方面的经历。这个表格主要展示了关系、态度和工作心态的变化过程，包括：①从教导到询问；②从事务性到私人化；③从内容到情境；④从解释与掌控到倾听与学习。

　　试着记录你对此表中每种思维模式的思考。如果你从教导转变为询问，你所丢弃的是哪一种思维模式？你又将采用哪一种思维模式？尝试使用上文所说的四个变化过程来回答。完成思考题（reflection）后，对照下方的"我们如何看待……"进行测试。

转变前	转变后
教导	询问
事务性	私人化
内容——发生了什么	情境——事情的原委
解释与掌控	倾听与学习

（未完待续）

　　我们如何看待……

转变前	转变后
教导：我有权力，也有相应的数据和观点，我会用这些来解决现有的问题与困难	**询问**：比起让整个团队更加全面地了解事情的原委，我个人在其中的角色相对而言没那么重要。因此，我会参考其他决策者的意见，综合考虑后再做决定
事务性：我们交换事先得到的数据信息以辅助做出决策。我们和委托人保持职业距离，这样就能不受情感因素的左右，高效地处理业务	**私人化**：我们会携手应对一个必须通过团队合作才能解决的复杂问题。我们参与目标明确的学习活动以营造一种开放和信任的氛围，从而共享所有相关信息
内容——发生了什么：管理者专注于设立指标，衡量正面与负面效果，用可量化的术语严格定义预期目标，并且在没有完成指标时寻找根本原因	**情境——事情的原委**：团队收集并分析各项指标，调查清楚原因和所有相关因素。整个团队都认为自己还需要了解更多信息，并且现实情况与指标的差异不足以解释过去或预测未来
解释与掌控：我有明确的动机和计划，我以此为参考提出问题并解读他人的反应，以便根据个人意图施加干预、影响他人的行为	**倾听与学习**：我有目标并且我能够接受其他人也在追求自己的目标这一事实；如果我们确定我们的共同目标，进一步问讯，就能获得更多信息，共享更多信息，从而实现共同利益的最大化

第 5 章
CHAPTER 5

对话中的文明礼仪与文化禁忌

在上一章中，我们介绍了以完成任务而非建立关系为核心、热衷于教导而非谦逊的问讯的文化是如何影响人际互动以及行为模式的。人与人之间的互动在一定程度上是双方文化背景在该情境下的具体映射。换言之，我们如何与另一个人相处——无论是教导还是问讯，不管是想要建立信任还是开放的关系，不管是想要获得认可还是其他东西，我们的所作所为都是文化规则和规范在人际交往中的体现。人际交往活动的范围十分广泛，从与老板闲谈到组织和参加正式会议，都包含在内。虽然我们在日常生活中倾向于将一个人的行为归结于他的性格或个性，但其实我们大多数人都能下意识地判断当下最适合采取的行动，并且做出正确的反应。一般来说，我们都早已学会了适应不同情境下的不同规则和礼仪，尤其是当社交活动的参与者处于不同的地位和等级时，而这恰恰体现了文化的强大力量。

与地位和等级相关的文明礼仪

为了解是什么要素阻碍了谦逊的问讯，我们应该特别关注跨等级的交际行为及其相关规则规范。从下级的角度来看，这些规则主要事关尊重，即在典型的等级制度中，下级应该如何尊重上级。比如当上级讲话时，下级应该注意倾听，不能打断。又比如，一个等级较低的成员如果发表"不合时宜"的言论，则会受到大家的注目。而在涉及亚文化或不同宏观文化的互动时，人们就很容易对这些规则产生误解。

从上级的角度来看，他理应获得下级的关注、尊重，并享有权威的地位。如果一位地位较高的领导者的言语明显有误或傲慢无礼，或举止不成熟甚至冒犯到别人，我们往往会产生强烈的不适感。这是因为我们期望地位较高的人能够举止得当，而当期望落空时，我们就会感到焦虑和愤怒。相传 20 世纪时，有些公司的行政总部一般会为 CEO 提供私人浴室，以便他们能以得体整洁的状态出现在公众面前。时至今日，许多公司也仍然在为高层管理人员提供只有通过私人电梯或特殊入口才能进入的行政套房，以此来彰显地位。尽管也有许多公司将高级管理人员的座位安排在办公区的正中央，和员工坐在一起，从物理上消除地位差距，然而公司文化却用各种隐性的条例清楚地表明，这些地位较高的人应该得到优待并适当地展示出自己的地位。

当我们进入一个新环境，与某人见面并开始对话，或参加会议时，我们首先会下意识地去观察人们地位的差异。有些人可能会说，这种现象有其生物学根源——都是人类基因在作祟，让我们不自觉地注意尊卑秩序。而谦逊的问讯在这种情况下就十分有用了，因为它让你有机会搞清楚对方的等级是高是低，你应该言行恭敬，还是期望对方言行恭敬。你可以先提一些常见问题，例如：你是做什么工作的？今天为什么会来参加会议？加入我们公司之前你是在哪里工作的？

在如今的职场上，弄清楚他人的等级和职位变得更加困难，但其重要性丝毫未减。现在，外在身份象征（如制服）越来越过时、少见，所以破译他人的身份变得困难重重。我们都见证了彰显身份的外部标志物（如着装规定和姓名标签）是如何逐渐消失的，也欣然接受了这样的变化。如今在没有独立办公室的情况下，根据工位位置来确定别人的身份是行不通的。同时，如果员工的地位是通过技术能力、专利数量等方面来确定的，那么头衔和着装可能也就无关紧要了。要了解他人真正的等级和职位，我们需要问的问题远不止"你的上司是谁"。

现代职场是努力推行"扁平化等级制度"以及打击官僚主义后的产物。有些人会质疑我们是否有些过犹不及了。而人类学家发现，人类社会为数不多的普遍性之一就是每种文化都会创造某种形式的等级制度和地位体系，并将之授予年轻人和新人，从而推动现有秩序的可持续发展。

随着不同层级之间愈加相互依赖，谦逊的问讯的作用也日益凸显了出来。因为在许多情况下，问清楚每个人掌握的信息，远比弄清职位高低更能提高团队效率。对于地位较低的团队成员来说，建立信任和开放的关系可能会更快、更容易——只需要向对方表示尊重，而不是试图赢过对方或者说服对方。同样，那些擅长调动整个团队的上级往往能够将团队效率最大化，因为他们懂得谦逊的问讯可以传达出一个信号，即"我知道我们需要彼此协作来完成这项任务"，从而实现团队收益的最大化。进一步来说，承认并加强彼此之间的依赖关系可能效果更佳——上级可以向地位较低的团队成员提出开放性问题，表示自己并非无所不知，不会盲目发号施令。此外，除了关注手头的任务，上级也要注意形势的变化。

因此，在各种类型的关系中，上级都要学会向地位较低的成员寻求帮助。如下例所示，通过谦逊的问讯有意建立起跨等级的关系，可以发挥出重要作用。

跨等级的承诺

有一次，某区域环保组织的新资金筹集项目已刻不容缓，而埃德是该组织的董事会成员。CEO 要求埃德主持一个工作组，调查董事会和组织是否已准备好完成这项艰难的任务。随后，CEO 选出了加入该工作组的董事会成员。埃德要和另一名董事会成员与 CEO 一起制定该工作组的第一次会议流程。埃德认为，这是一个让董事会成员建立深层关系的好机会，因此这次会议应该设为非正式的晚宴。CEO 则认为该提议成本过高，而另一位董事会成员则表示愿意资助这次晚宴。

CEO 特别希望能够在第一次会议上总结公司在几年前的一次资金筹集项目中犯下的错误。她觉得自己掌握了很多知识与经验，可以避免整个团队重蹈覆辙，并且讲了许多她认为成员们需要了解的内容。埃德认为这个提议并不合适，因为她这样的做法显然是把完成任务的优先级放在了建立深层关系之前，所以他问 CEO 在非正式晚餐后，他是否可以代她主持会议，尝试一种更具对话性的方式。CEO 勉强答应了。于是，在上甜点的时候，埃德上台发言了。

埃德：开始之前，我想建议大家一边享受甜点和咖啡，一边从我的左边开始，按顺序说说自己内心深处对这个组织的归属感，以及为什么要为这个组织效力。同时注意，每个人都有机会开口，所以在其他人发言的时候不要打断或评论。从我开始吧。对我来说，我必须得承认这是我做过的最有意义的工作之一。我在这里结识了一群人，他们有共同的理想与追求，他们互帮互助，翻过了一座又一座大山。这个组织为我们的地区做出了重大贡献，所以我很喜欢它。

在接下来的半小时里，工作组的每位成员都分享了自己的感受。这个活动产生了奇妙的影响：在那天晚上之前，在场的大多数人只是熟人关系，但宴会之后，他们都把彼此看作一个整体，他们对这次颇具挑战性的关键资金筹集项目充满了动力和激情。

每个人都清楚地意识到，这个方法能提高员工的参与感。在随后的员工会议上，董事会成员简要回顾了自己内心对于该组织的归属感，然后每位员工都分享了他们加入该组织的原因。令人惊讶的是，这种敞开心扉的活动让上级做出了某些承诺，并在接下来两年的竞选活动中贯彻了下来。同样令人惊讶的是，有许多工作人员表示这是他们第一次从董事会成员那里听到这样的承诺，而这坚定了董事会和员工之间开展良好合作的信心。CEO 对这种新颖的对话方法非常满意，并意识到今后还有很多机会教导员工避免犯错，根本不必急于一时。

把完成任务与建立关系相结合

上述事例不仅关乎地位和权威，而且直接引出了"目的"这一核心要素。我们是否知道对话的目的是什么，或者我们为什么要召开会议？当你与财务顾问、律师、医生或新的营销主管会面时，你是否会问自己：这次会面的目的是什么？目的决定了任务内容以及所需创建的关系类型。在与他人合作时，我们会不约而同地定义当前面临的情境：我们在此是要做什么？我们各自扮演什么角色？我们对彼此有何期望？我们之间是一种什么样的关系？

为了达成目标，就要区分任务导向的**事务性关系**和关系导向的**表达性关系**。这一点至关重要。在第一种关系中，一方往往需要另一方所掌握的特定信息。这种事务性关系也被称为一级关系，一般都较为清晰明确。它由一系列的交易组成，一定程度的信任对双方都是有益的。但是双方几乎不会产生任何相互依赖的感觉，任何一方被替换都不会影响交易的进行。在这样的关系中，每个人的角色都是由任务定义的。我们对这种关系中的行为准则了如指掌。

表达性关系类似于前文所说的二级和三级关系，是由建立关系的个人需求驱动的。因为其中一方或双方意识到他们在任务中是相互依赖的，或者能够在与他人建立联系时获得情感上的满足。很显然，埃德在组织资金筹集特别工作组时，就是依据的这一点。他知道小组工作需要成员之间的高度信任与热情，所以要求每一位董事会成员都表达出自己的心声。

正如我们在上一章中所说，美国文化，尤其是商业文化，总体上更倾向于事务性质的关系。这种文化习惯于将大多数情境定义为"人们为了完成工作而聚在一起，仅此而已"，这使得人们下意识地保持职业距离，尽量避免将私人事务或者情绪牵扯其中，人们甚至会把这种合作方式视为完成任务的最佳途径。严格以任务为导向的关系难免缺乏人情味。另外，尽管我们的文化青睐这种事务性质的关系，但随着任务越来越复杂，管理者或领导者们必须意识到可以选择其他类型的关系，而不是因循守旧——你可以让团队成员之间的关系变得更紧密，更具表达性和私人化。

富有表达性的私人关系使得人们可以在处理工作事务时加入个人情感，从而拉近职业距离。当我们想更多地了解对方时，我们就会进入二级关系，但它不应与美国职场现存的非正式关系相混淆。如果一级关系和职业距离能够保证我们成功与直属下级完成任务交接，那么保持这种非正式关系也无妨。然而，这可能会让公司里等级较低的人感到非常困惑，因为这种关系意味着人们对他人的兴趣可能只是暂时的，关系只限于事务性质。随着团队的文化背景变得更加多元，我们越来越有可能将非正式的关系误解为更私人化的二级关系，这就需要我们去研究如何在不同的文化背景下处理跨等级和层级的沟通。

效率的提高在一定程度上取决于在组织内部发展跨等级的二级关系。

在全球化的环境下，鉴于任务的复杂性和文化的多样性，管理文化面临的首要难题在于究竟是选择维持传统等级制度所特有的职业距离和等级界限，还是将工作关系私人化。某些特定行业是否会继续强化受角色和规则制约的主流事务性关系？如果是这样，它们会不会更容易受到自动化和人工智能的冲击？在需要创意、创新，需要频繁公开对话、辩论和面对面谈判的现实环境下，很难想象这种关系会行得通。就目前而言，最有效的方法就是梳理思维脉络，弄清楚完全的任务导向是如何转向完全的关系导向的，并思考谦逊的问讯法如何能让人在保持礼貌得体的同时拉近距离。

信任与社会经济学

无论是保持谦逊的态度，还是用问讯代替教导，或让关系私人化，这些都需要更高程度的信任。然而，信任其实并没有我们想象的那么简单，它具有高度的情境性。[6] 在与他人谈话时，信任意味着相信对方会认可我们并告诉我们真相；相信对方不会利用我们，不会让我们觉得难堪或羞辱，换言之，我们相信对方不会欺骗我们。我们希望对方能站在我们这边，支持我们达成目标，并愿意履行他所做出的承诺。

所有这一切都始于**认可**。如果你在街头与陌生人擦肩而过时与他有了眼神接触，之后你们两人没有进一步的交流，这再正常不过了，因为你不会期待获得陌生人的认可。但如果你和熟人有了眼神接触，露出微笑，但对方仍然没有任何反应，那么你可能会觉得不对劲，感觉自己没有获得对方的认可。也就是这种感觉告诉我们，人类是多么依赖这种彼此之间的认可与互惠互利。我们可能记不起某人的名字，但我们的言行举止会透露出我们对他是否认可。值得一提的是，在社会中"隐身"，遭到忽视或无视，都有可能造成精神创伤。

我们将这种信任视为社会关系的一部分。当我们向某人打招呼时，无论是口头的问候还是轻轻点头，我们都希望能够得到某种回应。我们提问时，也希望能得到某种答案。如果我们寻求帮助，我们希望能够得到帮助；倘若对方无法帮到我们，我们希望对方能给出理由。

那么，你该怎么向他人发送信号，让他们知道你是值得信任的？你如何才能表现出你想帮助他人，但是又不会因为提供了对方不需要或者不想要的信息而冒犯到别人？答案的关键就在于学会通过谦逊的问讯把自己置于弱势的一方。这样的做法颇具挑战性，甚至可能让你遭到冷落或忽视。如果你释放出"当下的谦逊"态度，让别人知道你的弱点，而他们却以高人一等的态度做出回应，你会有何感受？大概身心都极为不适。我们有很多的礼仪规范，都是为了避免出现这样的情况而设置的，即人们要尽量不让对方难堪，尽可能维护自己和他人的"面子"。这就意味着我们应该给予他人展现自我的机会，支持他们在特定情境下扮演相应的角色，并期待他们以同样的方式认可和支持我们。向他人展示关于自己个人而非任务需要的信息，可被视为一种拉近关系的邀请，能够在人与人之间建立起更高水平的信任和开放关系。好消息是，我们的文化越来越推崇敞开心扉而非冷漠待人，具有表达性的二级关系远比事务性的一级关系更让人满意。

总结

谦逊的问讯态度是建立人际关系和摸清纷繁局势的得力助手。谦逊的问讯使我们意识到，在个人身份有别但又相互依赖的职场环境中，事务性关系是存在局限性的。美国文化强调工作能力、相互竞争，强调教导而不是问讯，这使得谦逊地问讯变得更加困难，因为我们担心这样的询问方法会暴露出自身的弱点。然而矛盾的是，只有学会谦逊地问讯和敞开心扉，我们才能相互信任，从而实现高效率的合作。

　　文化规则决定了对话的基础和限制条件，但人类社会的等级制度使得人们会在对话过程中加入自己的偏好和习惯。在后面的章节中，我们将研究人们的内心活动，并说明认知和情感上的偏好是如何阻碍或促进谦逊的问讯的。

⊕ 练习

　　本章阐述了美国文化的深层内涵以及它是如何塑造、压迫、鼓励或抑制具有建设性或破坏性的人际互动的。你是否同意这些观点呢？现在正是总结和厘清思路的好时机。或许你有不同看法，那么请把你的观点写在纸上。大胆公开自己的想法。如果你对目前为止所说的内容有些困惑，不妨休息片刻。如果你同意本书所说的内容，也请花点时间回想自己的经历。你是否有过文化背景干扰人际对话的经历呢？文化背景中的礼仪规则是否阻止了信息的共享呢？这些都是我们急需研究的案例与素材。

第 6 章
CHAPTER 6

对话究竟包含哪些内容

为了充分理解谦逊的问讯在建立积极的二级关系中所起的作用，我们必须进一步探究为了建立关系而进行的对话究竟包含哪些内容。我们需要了解文化脚本（即在特定的情境下该问什么、不该问什么，或者该说什么、不该说什么）是如何影响人际沟通的，换句话说，如何影响我们选择倾听和回应的方式。

上文已经提过，想要成为一名尽责的社会成员，就要接受人际交往的规则，接纳对方在对话时所展示出的身份，维持对话双方的地位平衡。人们在没有获得认可，或者认为自己的付出大于从对话中获得的回报，或者觉得受到贬低时，都有可能感到焦虑、不受尊重、受到冒犯甚至感到羞辱。谦逊的问讯是避免谈话中出现以上负面反应的一个可靠方法。那么，我们为什么不在谈话中更多地应用谦逊的问讯这一方法呢？为什么在现实生活中应用谦逊的问讯这一方法会感觉困难重重呢？

其中一个原因可能在于我们并没有想要建立积极关系——而是更想让自己脱颖而出，占据优势。我们甚至还可能把谦逊的问讯作为一种策略，用来假意接近他人，从而谋取利益。这项策略的风险很高，因为我们难免会在使用过程中发出混乱的信号，而缺乏诚意的问讯往往弊大于利。在这种情况下，我们实际上损害了双方之间的关系，制造了信任危机。

另一个原因在于，所有文化都有特定的禁忌与限制，规定了在某些情况下什么是不可以问或不可以提的。因此，我们在试图通过谦逊的问讯发展私人关系时，需谨慎行事。在与来自其他文化的人谈论某些特定话题时，尤其需要注意这一点，比如我们要弄清楚关系发展到何种程度时，才能聊起尊敬权威及建立信任等话题。本章提供了一个人际关系模型来探讨该问题，并进一步解释了为什么我们会发出混乱的信号，为什么虚伪的谦逊的问讯会事与愿违，为什么人际反馈如此复杂，以及谦逊的问讯态度如何帮助我们避开这些陷阱。

乔哈里视窗：社会心理学层面的四个自我

乔哈里视窗是一种用于解释沟通复杂性的简易方法，由乔·勒夫特（Joe Luft）和哈里·英厄姆（Harry Ingham）首创。[7] 在图 6-1 中，人员 A 和人员 B 分别处于对话"跷跷板"的两端。

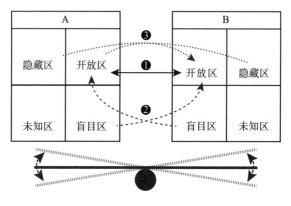

图 6-1　对话的来回

日常对话与开放自我

（箭头 1）

在刚进入一个情境或关系处于萌芽阶段时，我们处于带有文化背景的开放区，而开放自我可以反映我们进行对话的目的。我们通过体态、语调以及话题（这一点最重要）向对方展示自己。在与陌生人同处一个新环境中时，我们可能会聊聊天气、故乡或与工作任务有关的事情。我们都很清楚如何在事务性的情境下与人进行交流。虽然在聚会上与销售助理畅聊和与陌生人泛泛而谈并不一样，但两者都受到情境文化的限制。在这种情境下，我们往往会尽量避免掺杂私人情感，因为只有建立了二级关系，这种私人化交流才是得体的。

无意识沟通与盲目自我

（箭头 2）

我们在与他人交谈时发出的各种信号远远多于开放自我所发出的有意识信号。我们的肢体语言、语调、说话的时长和节奏、着装首饰以及眼神交流，都会向对方传达一些信息，对方会根据我们发出的所有信号形成对我们的整体印象。其中一些信息是根据文化常识来解读的，例如保持眼神交流意味着对谈话内容的关注。然而，我们还会在无意识中传递出一些模糊的信息。这就意味我们的内心存在**盲目自我**，我们在谈话中发出了一些**连自己都没有意识到的信号**，然而这些信号塑造了别人对我们的印象。这种无意识的信号有时会让对方质疑我们是否真诚，因为我们无意中传达出了混乱甚至是矛盾的信息。而意识到盲目自我的存在会让我们希望能够从他人那里获得反馈。

隐藏自我——沟通困境

（箭头 3）

隐藏自我是我们自己清楚但不愿意或认为不应该展露出来的自我意识。因为这些信息可能会冒犯或伤害到他人，也可能会让自己感到十分难堪。我们在成长过程中将文化价值观和规则内化于心，了解到了什么是可接受的，什么是不可接受的。例如，我们已经知道了在事务性谈话中透露出我们对对方的感觉和情绪是不可接受的。

我们还知道，为了维护自尊，就必须向他人隐瞒自己的负面情绪：我们羞于承认自己的不安全感，认为有些情绪或行为有损自身形象，也不愿提起过去的失败或者一些表现糟糕的时刻。最重要的是，我们会隐藏自己对他人的看法，否则会显得很不礼貌或伤害到他人。

当然，对方也会受到文化规则的约束，隐藏他们对我们的印象，以及他们对我们盲目自我的反应，这也是为什么我们的社会生活中存在一种极为讽刺的现象：人们的盲目自我给他人留下的印象可能已经被当成茶余饭后的谈资传遍大街小巷，但当事人自己毫不知情，而这也是"盲目"一词的由来。我们知道自己会给别人留下某些印象，反之亦然。而除非我们创造出了打破文化规则的特殊情境，否则我们大概一辈子都不会知道别人对我们的真正看法。

人类社会最终还是需要我们最大限度地认可和接受对方。我们通常不会指出他人身上的缺陷、异常、弱点和失败之处，因为这种消极且不加掩饰的反应不仅会对他人积极自我的形象造成负面影响，还会引发他人的报复，从而威胁到我们的自尊。只有当我们与他人的关系变得更加密切时，我们才会去分享某些看法。事实上，我们衡量一段关系开放程度的标尺，就是我们隐藏个人情感和反应的程度。同时，我们接收到的信息能够消除自己行为言谈上的盲点，更容易让他人感受到我们的真诚。

未知自我

第四个自我——**未知自我**——指的是那些与我有关的人，包括我自己，都不知道的有关我的事情。我可能有某些隐藏的才能尚未发掘，我的脑海中可能会时不时出现各种无意识的想法和感受，我可能会基于心理或生理因素做出不可预测的反应，因此我必须为突然出现的意外情况做好准备。

真实与真诚

在评价一个人时，我们经常会说，这个人给人感觉真诚或可靠。这些对于老板和领导者来说是尤为重要的属性。随着时间的推移，我们会对上级建立信任，具体如何则取决于他们行为的连贯程度、言行一致的程度以及他们对承诺的履行程度。乔哈里视窗模型指出了实时对话中一个重要的额外信息来源，即开放自我和盲目自我发出的信号之间的一致程度。心理学研究表明，我们的某些想法、感受和想要做的事情在文化规则上完全不能被社会所容，因此我们会抑制甚至抹杀这些想法、感受和冲动。

通常来讲，只有在接受咨询或受到外部刺激时，这些被压制的未知自我的想法才会被吸收进入我们的意识并进入隐藏自我。同时，我们在和他人谈心时以为不会被他人察觉、也不自知的那部分自我，其实对他人来说相当明显，进而成为盲目自我的组成部分——这一点可能会让人既惊讶又懊恼。有时，我们努力隐藏的不安全感或者不适当的冲动和感受，会通过盲目自我暴露在他人眼前，从而让他人认为我们不够真诚可信。他人经常会在我们自己发觉之前就留意到我们的紧张和焦虑，因为他们会注意到我们的双手在发抖，额头在冒汗。然而，如果有人问我们是否感到紧张，我们可能会矢口否认或含糊其词，尤其是和对方处于一级关系时。

一段关系出现问题，究其原因，最常见的是，如图 6-1 所示，A 认为他在沟通时传达出了清晰的信号，而 B 接收到的却是混乱或矛盾的信号，因此决定拒绝和 A 发展进一步的关系，对 A 的信任度也逐渐降低。

相互了解

更多地展露隐藏自我，尤其是人们对彼此的反应以及他们从对方的盲目自我那里接收到的信号，是建立关系的有效方法，同时能相对减少盲目自我的影响。在建立关系的过程中，最难的就是确定隐藏自我的开放程度。同时我们也要知道，拒绝敞开心扉会加剧建立关系的难度。当这种开放变得有计划、有条理时，例如在为了改善关系的特别研讨会或会议中，我们会格外重视在沟通中得到的反馈，因为它能消除我们思维中的某些盲点。这种反馈之所以有效，恰恰是因为研讨会有意将文化规则通常无法接受的行为暂时合理化——未经他人请求就给出反馈，在本质上也是有违文化习惯的。

我们要走一些弯路才能获得真实的反馈，这反映了我们受到文化的限制——它提醒我们，不能直接告知对方我们的真实想法。当有人要求我们提供反馈时，我们往往表现得很不情愿，这反映了我们对冒犯或侮辱的恐惧。我们美其名曰"正面反馈"，其实就是在回避问题，因为我们心里清楚对方真正想听的是自己有何缺点或不够完美的地方，以便可以做出改进。我们知道自己并不完美，因为隐藏自我中充斥着大量的自我怀疑和自我批评。因此，我们也想知道他人是否也能在我们身上看到这些缺陷——他们当然可以，但是他们不想告诉我们，可能他们觉得这会让我们反过来去攻击他们，导致双方颜面扫地。请记住，尽可能地维护双方的尊严是文明社会的本质要求，在大多数情况下皆是如此。

有一个好方法可以摆脱这种文化规则的困境，即温和地询问或提及某些在文化上被定义为私人的事情。就谦逊的问讯态度而言，其本质是放弃职业的、任务导向型的、事务性的自我，询问或提及与事务明显无关的事情，从而获得他人的认可和更加私人的回应。从这个意义上说，谦逊的问讯态度不仅仅指向对方提出问题，而是在向他人进行谦逊的问讯之前先提及自己的一些个人信息。我们可以向对方展现出当下的谦逊，让对话更加私人化。

如果这些试探性的提问和话题得到了对方的认可和回应，那双方的关系就会得到深化。在这个相互探索的过程中，双方必须把速度放缓且悉心揣度，因为在对话时，"礼仪"的文化力量非常强大。在跨越等级界限的关系中，地位较高的人有必要主动开启这个过程，比起单纯地抛给团队一堆私人问题，领导者更应该主动提及自己的情况。如果领导者想知道团队对自己的真实看法，就可以主动提及个人目标，问问团队成员自己在实现目标的过程中表现如何。一般来说，在一段关系发展到个人反馈阶段之前，双方首先会交换大量信息，然而这只有在双方目标一致时才能达到最佳效果。这些都提醒着我们，人际交往和人际关系的建立，就像一支双人舞那般复杂。

建立人际关系的目的应当是通过展现隐藏自我来减少自身的盲区。

沟通之舞

请你试着将两个人之间的对话想象成一种舞蹈，随着对话的发展，"谁是领舞者"逐渐变得无关紧要。谦逊的问讯态度是如何通过提出问题、彼此倾听、展示内心和做出回应发挥作用的呢？下面，我们会用一个事例说明上述四点如何在关系建立的过程中发挥关键作用：某产品组的领导摩根（Morgan）会见了一名新组员，并希望能够了解他除了工作以外的其他方面。为此，摩根采取了谦逊的问讯这一方法。

摩根与泰勒的相识

摩根：能否给我讲讲你的故事呢？

泰勒思索了一番，决定采用积极的态度回应摩根，他认为摩根进行谦逊的问讯是有意建立个人关系的举动，于是决定对摩根敞开心扉。

泰勒：嗯，我很高兴加入这个小组，因为我一直期望能和你们一起工作。我对这个小组的业绩十分钦佩，希望我之后也能为小组做出贡献。

摩根非常仔细地听了泰勒当下提供的信息，并揣度着泰勒话里的诚意。在确定泰勒所言为真后，摩根通过主动敞开心扉和应用谦逊的问讯来和泰勒建立关系。

摩根：我很高兴听到你这么说，因为我一直都很想让你加入这个团队。你能否给我讲讲你在这家公司的工作经历呢？

现在，轮到泰勒仔细听，并依靠个人经验来评估摩根在提出这个问题时是否真诚。泰勒认为摩根是真诚的，于是决定分享更多个人信息。

泰勒：当然可以。我最开始是在负责生产制造的小组，但我和那个小组的负责人不太合拍。我喜欢具有合作精神的工作氛围，所以听到你们团队招募成员的消息以后，我就申请调到了这里。

此时，摩根仍在仔细倾听着，他对泰勒提到的合作氛围很感兴趣，因为他一直致力于建立这样的工作氛围以应对复杂的工作任务。摩根决定在对话中强调这种双方都认同的合作观念，进一步探索泰勒对合作模式的看法，从而获得这位新人对这种工作氛围的观点与反馈。

摩根：我很高兴你能够认同我们以合作为基础的工作模式，我们小组的成功在很大程度上源于组内成员的互帮互助。顺便问一下，你和公司其他人是如何看待我们组的？

泰勒仔细倾听摩根的话，揣度着告诉摩根公司其他人对该产品组的评价是否恰当，因为他知道摩根可能没有从其他人那里得到过这种反馈。如实提供这种反馈会暴露泰勒的隐藏自我，而这颇具风险。

泰勒：我很清楚，团队在面对复杂的问题时达成合作的重要性，但是有些人认为您所在的小组领导层软弱无能，小组成员缺乏展示个人才能的机会。但是，我想加入这个组是因为想要学习如何在团队中协同工作，而不是去在乎他人的风言风语。

摩根听了泰勒的话，努力压抑住内心的沮丧和防御性反应（"软弱无能"？！这叫什么话？！），决定坦然接受反馈，并向泰勒保证不会在意刚才的评价。摩根相信他们正在建立良好的积极关系，于是他打算进一步阐述小组的管理理念，以及如何通过具体措施来强化这一理念。

摩根：我很高兴你能信任我，直接告诉我其他人的想法，尽管这些看法有些负面。不过他们说的也是我实际想做的事，这让我感到有些欣慰。我希望整个团队都能够贯彻落实合作模式。我明白，我是你们的经理，但我并非无所不知，我需要你们参与到团队决策中来并发挥作用。在我们的团队中，大家都要坦诚相待、彼此信任，而不是为了荣誉、业绩或个人发展而相互竞争。作为经理，我也会特别关注那些帮助他人、协同合作和坦诚相待的言行。你的工作需要管理几位下属。我相信你要做的最重要的事情，就是与他们每个人建立私人关系。所以我们下周一起吃个早餐，讨论一下进展吧。

泰勒放下心来，因为他刚刚的一番话显然没有对沟通造成负面影响。也就是说，由于之前一直处于竞争激烈的团队中，泰勒并不确定坦诚直言会产生怎样的效果。摩根的话表明他将评估泰勒是否能够与下属建立互信的合作关系。因此，摩根已经主动打开了建立双方关系的大门，泰勒感到十分庆幸，想要表达自己的感激之情。

泰勒：我明白。我很期待从你和整个团队身上学习如何互信协作，也期待能够在下周的早餐会上分享我所学到的东西。

尽管除了对开放和协作达成共识以外，泰勒和摩根都没有谈论任何有关泰勒具体工作的事情，但是双方依然感觉关系取得了进展。

谦逊的问讯是让关系私人化的邀请函，也是建立二级关系的关键。关系的建立需要双方的参与。如果泰勒想打开通往私人关系的大门（揭示隐藏自我）而摩根不想，可想而知，因为泰勒告诉了摩根一些针对他的负面评价，谈话会因此变得尴尬。另外，我们倾听和回应的方式同样取决于双方的态度。只有当双方都决定展开合作并建立开放和信任的关系，才能跳出沟通之舞。

有时对话难免变得复杂，因为即使信息的发出者希望自己发出的信号是简单直接的，信息间也会存在细微的差别和偏差。重要的是区分内心的多种自我，意识到他人的盲目自我如何给你留下了或真诚或虚伪的印象，认识到只有当双方都决定揭示一部分隐藏自我时，盲目自我才能走进大家的视野。通过互动和反馈，摩根和泰勒揭示了更多隐藏自我，拓展了开放自我，从而更加了解了彼此的盲目自我。

总结

谦逊的问讯通过表现出兴趣和好奇态度，提问时不预设答案来实现关系的私人化。然而谦逊的问讯实施起来可能十分复杂，因为人们往往不确定应该对什么感到好奇，有时提出的问题可能会被他人误解，甚至有违文化规则。另外，出于好奇的发问很容易显得双方关系过于亲密，从而导致对方的反感和拒绝。因此，问讯和袒露内心就像是跷跷板的两端，通过这种方式建立的关系必须始终符合当下的情境，直到双方建立足够的信任，愿意各自承担一些风险，以更好地了解对方。

⊖ 练习

以摩根和泰勒的对话分析为例，用你自己的话去描述最近一次谈话中的关系走向。同时，以实现自身目标为目的，找出提高谈话质量的沟通方式。

第 7 章
CHAPTER 7

我们在想什么

我们在谈话中的"表现"很大程度上取决于我们头脑中的想法。如果我们错误地解读了自身所处的情境，忽视或者违背了情境规则，就无法恰当地表现出谦逊的态度。因此，我们需要知道自己的思想是如何不断地产生偏见、认知扭曲和不适当的冲动的。为了有效地运用谦逊的问讯，我们必须了解这些偏见和扭曲是什么，并弄清楚在建立关系和建构意义时，如何避免受其影响。

我们先从一个流程模型开始，它看似简单，实则极其复杂。首先，我们的神经系统同时在收集和处理数据，还要主动管理需要收集的数据并决定如何做出反应。我们所见所闻以及我们对事物的反应在一定程度上取决于我们的需求、目的和期望。尽管以上活动几乎是同时发生的，但我们可以对它们加以区分，并以一个循环的形式呈现出来来帮助我们理解。

图 7-1 显示了我们如何在一瞬间完成观察（O）、反应（R）、判断（J），然后进行干预（I）的过程。

在关系情境中，我们使用的术语是"干预"，而不是"行动"，因为即使什么都不做，保持沉默、移开视线或失去目光接触都是会影响互动的干预行为。换句话说，你在互动中所做的一切都是一种干预，会对他人产生某种影响。无论我们做多做少，其他人都会立即启动他们自己的 ORJI 循环。你所有的行为实际上都属于干预措施，会带来各种各样的结果，因此重要的是要弄清楚问题出现的时间点，你在什么时候被他人误解或冒犯了他人，事情什么时候偏离了正轨，你的观察是否有误，你的情绪反应是否得当，或者你是否因为自己的偏见而做出了错误的判断。学会分析自己的行为将帮助你更有效地做出干预，并推动理想关系的建立。

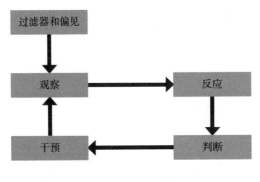

图 7-1　ORJI 循环

观察

观察指的是我们调动所有的感官，准确记录当前情境中实际发生的事情，以及我们所处的情境有哪些需求。实际上，神经系统既是一个被动的记录器，也是一个主动的数据搜索器，它可以根据先前的大量经验进行编程来搜索和过滤输入的信息。我们的神经系统扭曲着我们的感知，且程度超乎想象。如果输入的信息不符合我们的预想、期望、需求和目的，我们就会大量屏蔽这些潜在的可用信息。

我们不会被动地记录信息，也不会被动地观察。而一般是主动，甚至是下意识地，根据自己的语言和习得的概念（文化）以及目标，从可用数据中选择我们能够记录和分类的信息。说得更夸张一点，我们不思考也不谈论我们所看到的东西，而是看到我们能够思考和谈论的东西。因此，ORJI循环始于我们脑海中的过滤器和偏见。

精神分析和认知理论方面的研究，已经充分说明了知觉扭曲可以严重到何种程度。或许最显著的例子，还是防御机制中的**否认**和**投射**。**否认**是指拒绝看到某些类别的信息，尽管这些信息对自己是有帮助的。而**投射**是指在其他人身上看到实际出现在我们自己身上和盲目自我中的东西。研究还表明，我们的需求会扭曲我们的感知，例如人在口渴时会误以为沙漠中的海市蜃楼是一片绿洲。为了应对现实问题，尽可能客观地看待事物的本貌，我们必须从源头上理解并尝试减少感知系统造成的扭曲，就像艺术家尽力画出写实的画作一样。

反应

ORJI 循环表明了情绪反应是观察的结果，但越来越多的证据显示，情绪反应的出现可能先于观察，或者至少是与观察同时进行的。例如，人们在识别出真正的威胁之前，就可能先从生理上感受到了恐惧。在这种情况下，要了解我们的情绪反应，困难之处就在于我们常常会忽视它们的存在。我们会否认这种感受或者视其为理所当然，然后抹去它们，直接进入判断和行动（干预）阶段。我们可能会感到焦虑、愤怒、内疚、尴尬、挑衅或者快乐，但我们可能没有意识到我们当下的感受，甚至就算我们意识到了，也可能不确定我们们的感受究竟如何。

这里举一个常见的例子。如果我们在开车的时候突然被别人超车，就会触发自身的反应。那种受到威胁的感觉瞬间就会让我们注意到这个人插到了我们前面。我们对此的反应是消极的，这种消极源于瞬间的判断，即他无权这样做。随后，我们可能做出干预，即转弯或者把车停在"违规车辆"旁边，一边大喊大叫一边挥舞拳头。这种反应会导致过早的判断和贸然的行动，可能会误导我们放弃更安全的选择，即放慢速度，让另一辆车插队，这样也许就能避免一起交通事故的发生。

感觉充斥着日常生活的每分每秒，但我们从小就知道，许多情况下我们需要控制、压抑、克服，并以各种方式去否认这些感觉。当我们了解性别角色和职业角色并融入特定文化时，我们就会逐渐了解到哪些感受是可以被接受的，哪些感受是不可接受的；什么时候表达感受是合适的，什么时候是不合适的；什么时候感受是"好的"以及什么时候感受是"不好"的。

在以任务为导向的文化中，人们往往被告知感觉是认知扭曲的源头，会影响我们的判断，因此我们不要凭感觉冲动行事。然而矛盾的是，我们可能还是会忘记感觉会干扰判断，依然下意识地凭感觉行动，同时自欺欺人地认为我们凭借理性和谨慎的态度做出了选择。

冲动本身没有问题，但未经过仔细考虑，就冲动行事则会让我们陷入麻烦的境地。因此，我们应当充分了解自身的感受，这样就能扩大反应的范围。这一点至关重要，它既可以避免我们的反应失去控制，也可以将这些感受当作风向标来预测接下来可能发生的事情，尤其是在我们试图与他人建立关系的时候。

在做出反应之前尝试一下谦逊的问讯，可以有效地预防负面结果。还记得那位研究生吗，他没有问女儿为什么敲门，而是因为女儿打断了他的学习而对她大吼大叫。他因为被女儿打扰而大为光火，并且选择让愤怒去主宰自己的反应，而不是思考这种反应在当时的情境下是否合适。而谦逊的问讯的一个重要用途就是在行动之前问问自己：我应该做出怎样的反应？如果那位被超车的司机在踩下油门之前问问自己这个问题，那他可能会意识到，愤怒之下做出的反应会对自己的人身安全造成威胁。他可以接着提出另一个问题：我甚至不知道另一个司机为什么插队，为什么要生气甚至冒着出车祸的风险去跟他赌气呢？如果这辆车是将一位即将分娩的孕妇送往医院的，那超车也是可以理解的。

判断

人们每时每刻都在不停地处理数据、分析信息、评估状况和做出判断。这种事前分析的能力让人类能够规划复杂的行动，从而实现宏伟的目标，并在未来的几年里一步步完成一系列的步骤。提前计划和根据计划组织行动的能力，是人类独有的智慧。

当然，逻辑推理的能力也必不可少。但是我们所做的所有分析和判断，其价值都取决于它们所依据的数据。如果我们不关注自己所使用的信息是如何获得的，以及它们是如何被偏见所扭曲的，那么进行复杂的计划和分析练习也只是在做无用功罢了。如果让情绪反应占了上风，由此影响到了我们的推理，那再怎么分析也帮不了我们。事实证明，即使是智商最高的人，也不是绝对理性的，而且也会犯系统性的认知错误。[8] 因此，我们至少应该尽量在最初获取信息的过程中减少扭曲的发生，谨慎行事，并将谦逊的问讯视作收集数据的一种可靠方式，这要求我们在问讯时克制住做判断的欲望。

干预

一旦做出某种判断，我们就会采取行动，即使这种行动并不外显。虽然这种判断可能只是一时冲动的产物，但它仍然发挥着判断的效力和作用，意识到这一点尤为重要。换句话说，当我们冲动行事时，我们的理性判断回路似乎短路了。但事实并非如此——它只是过于相信最初得到的观察结果以及我们由此产生的情绪反应。让我们陷入困境的下意识反应，其实就是基于不正确或不完整的信息做出的干预，或者可能只是一种情绪上的冲动。如果有人攻击我，而我立即予以反击，那么一般情况下这种反击是有效且适当的干预。但如果是我误会了对方——其实那个人根本没有攻击我，那么我的反击就变成了侵略行为并且可能导致沟通中断，更糟糕的是这种行为还可能引发肢体冲突。

自我克制、仔细观察和保持真挚的好奇心，可以最大限度地减少误判和不当行为。

在以成果为导向、热衷于教导的文化中，最大的问题在于我们无从得知自己的所闻、所讲是否适用于整个情境下，又是否有效，除非我们自己主动发问。如果我们想与某人建立关系以打开沟通渠道，我们就必须睁大眼睛，尽可能避免做出不恰当或没有把握的行为。而保持好奇并以谦逊的方式问讯则是建立关系和建构集体意义的核心。

在事后进行反思并重演 ORJI 循环，能帮助我们确定自己的判断在大体上是合乎逻辑的，但问题在于我们认定为事实的东西，其实既不准确也不完整。那么，据此做出的判断结果可能根本就不合逻辑。因此，在整个循环中，最大的问题可能出现在第一步——我们理所当然地认为我们的感知足以支撑我们采取行动。我们不假思索地做出归因和判断，而没有尽可能多地关注真实发生的事情和对方的真正意图。当我们遇到令人感到愤怒或不安的情况时，最需要的就是谦逊的问讯。也正是在这种时候，我们需要放慢脚步，问问自己和他人"到底发生了什么"以便核实真相。在做出判断并采取行动之前，我们应该思考自己的反应会造成何种影响。

我们用 ORJI 循环来分析一下那位在女儿敲门时对她大吼大叫的研究生。他觉得女儿打扰到了自己，于是非常生气。他的干预措施就是对女儿大吼大叫。再回忆一下第二天早上的谈话，当研究生的妻子告诉他，她只是鼓励女儿下去说晚安并给他一杯咖啡，而他却态度粗鲁时：

面对误解

妻子：*你到底为什么要吼她呢？*

（*面质式问讯*）

丈夫：*吃饭的时候我明确告诉过她不要打扰我。*（*教导*）

妻子：*但是她说你根本没给她解释的机会。她告诉我她只说了句"嗨，爸爸"，而你却对她大吼大叫。*（*用于建构意义的新信息*）

丈夫：*她打断了我的思路。这让我很生气*（*反应*），*还让我想起来她总是这样不听话。*（*判断，可能是一种无意识的偏见，认为女儿不听话，需要教导*）

妻子：她只是在敲门后说了句"嗨，爸爸"，你觉得生气合适吗？（诊断式问讯）

丈夫：嗯，我当时正准备归纳整体思路，她来找我的时机不太合适。（自我辩护式的教导，意在增加自己行为的合理性）

妻子：嗯，但是这并不公平。你的愤怒是基于你自己的感受——而不是她的所作所为。（质疑对方的逻辑以试图还原真相）

丈夫：但我告诉过她不要打扰我。（防御性教导）

妻子：所以不管怎样你都觉得是她的错了？如果她是下来告诉你房子着火了呢——你还会冲她大吼大叫吗？（面质式问讯）

丈夫：当然不会，可是我怎么知道是你让她下来的？我当时很忙，脑子里乱糟糟的。（丈夫需要思考的关键问题在于他为什么不先搞清楚事态再行动）

妻子：所以你的本能反应（Knee-jerk Reaction）伤了我和女儿的心，你没有花时间问问到底是怎么回事，而是凭直觉做出错误的判断和不恰当的行动。（妻子的教导也很强势。或许她也应该从这次事件中思考一下，为什么让女儿下楼而不是自己亲自去）

丈夫：对不起，但是我也想知道你为什么不自己过来，而是让她下来找我。你知道我当时很焦虑。（丈夫认识到了自己的错误，现在他要让妻子重新审视自己的 ORJI 循环以及她的做法）

　　事情为什么会发展到这个地步，关键问题是什么？他们每个人都做了什么才闹得这么不愉快？他们本来可以怎么做？这些问题似乎都在要求你回头检视你的观察结果。问问自己你的感受和判断是基于准确的实时数据，还是基于你的预期、恐惧、希望，或是其他预设的观察方式。

我们的神经系统记录下了很多信息，但也过滤掉了我们无意识的偏见和当前的意图所造成的影响。我们的所见所闻或多或少受到了影响，而影响因素包括根据先前经验做出的预期判断，希望实现的目标，需求和目的以及我们所置身的环境。对话总是发生在特定情境中，而教导或"修复关系"往往出于情境需要，而非个人性格的影响或者广泛意义上的社会力量的推动。当事情出现偏差，损害了双方关系或让双方产生负面情绪时，以当下的谦逊或好奇的态度重新审视整个过程可以修复关系。与此同时，这也清楚地揭示了不在第一时间采用谦逊的问讯方法会有何种后果。

总结

在分析完两种交流模式（第 6 章中的跷跷板或沟通之舞，以及本章的 ORJI 循环）之后，我们可以看到，即使看似普通的对话也是一场复杂的交流，每时每刻都需做出抉择：

说什么、怎么说、如何回应别人的话语。我们的选择很大程度上取决于自身对情境的感知以及对适用于该情境的文化规则的理解。我们在感知方面的偏差、判断情况，以及我们如何反应都是文化、个人经历和当前的对话情境综合作用的结果。在给定的情境下，我们对自己的角色、等级和地位的看法使我们倾向于假设自己知道该如何行事。因此，当对话双方对自己的角色、等级和地位持有不同看法时，最容易出现沟通不畅的情况，从而造成无意的冒犯或出现尴尬的状况。事实上，我们能达到目前这样的沟通效果，就已经称得上一种奇迹了，因为我们社会中存在着严格的等级制度，有着数不清的"规则"（都在加强人们的先入之见！）。

谦逊的问讯态度在本质上要求我们注意自己的思维和行为方式，摒弃一些被他人和社会灌输的陈规旧矩。由基因决定的性格、后天养成的个性以及我们自身的社会化行为常常会让我们陷入麻烦，导致我们无法开诚布公地交流。而谦逊的问讯态度既是建立深层关系的有效方式，也是学习如何建立关系这一过程中的主要分析方式。因此，我们可以得出一个无可辩驳的结论，当谈话出现问题时，最安全，通常也是最有效的干预措施，就是谦逊的问讯。

⊂▷ 练习

　　最后两章列举了大量的模型和理论，还有两位作者本人的诸多意见与观点。读者若要形成自己的观点，最好对整个过程进行拆解。想一想你是否体验过真正卓有成效的对话，你和其他人在谈话中是否取得了真正的进步？你是否在揭示自己的内心和发现自身盲区方面取得了进展？这种进展是否是通过消除某些根深蒂固的观念或者内心深处的不安全感而得来的？你也可以尝试思考那些让你"不爽"或进展不顺利的对话。你是否基于本就不准确的依据做出了判断？你是否本以为自己知道事情的原委以及解决之法，结果却发现自己错得离谱？你能否使用 ORJI 循环来分解整个情境，找出问题以及事情的真相？

第 8 章
CHAPTER 8

如何培养谦逊的问讯态度

一般意义上的问讯和谦逊的问讯能在以下三个领域内发挥重大作用：①你与你所爱之人的生活以及你自身社交生活的各个方面；②在你所处的组织中，不同工作小组之间存在合作需求时；③如果你是领导者或经理，那么问讯可以帮助建立和谐的团队关系与团队氛围，促进成员之间坦诚沟通和彼此信任，推动任务高效、快速地完成。

这三个领域所推崇的态度和行为和我们的文化观念背道而驰，因此我们可能需要抛弃一些陈规旧俗，接纳新的知识。在这方面，拓宽自身视野和提高洞察力可以帮助我们进一步确定何时何地少说教、多问讯。

在未来这个愈加易变、不确定、复杂且模糊的世界，人际关系会起到何种作用，我们每个人都应该对此进行全面而深入的思考，并看到谦逊的问讯在其中扮演的关键角色。

抛弃旧习和学习新知带来的两种焦虑

如果不涉及原有的知识，那么学习新事物就变得十分简单了。但是如果学习新知意味着必须抛弃之前爱教导他人的习惯，就会出现两种需要我们妥善处理的焦虑情绪。首先是生存焦虑。它指的是我们意识到了：除非学会新的行为，否则就将处于劣势（说严重点，将面临灭顶之灾）。生存焦虑为我们提供了学习的动力，即使这种动力源于自身的紧张不安。

在逐渐培养全新的态度和行为时，我们往往会觉得这项学习任务难度颇高，或者可能会觉得学习期间出现的各种困难和不确定因素实在是难以忍受。我们可能还会发现同事和朋友对于我们新的行为方式表示不理解或者不欢迎。最糟糕的是，我们可能不喜欢自己在这项新任务中的角色——那些常年把"我知道"挂在嘴边的顽固个人主义者，可能根本不想成为一个谦逊的问讯者。

一想到这些潜在的困难，我们就会产生学习焦虑。这种焦虑是阻碍改变的主要因素，随之而来的，还有对旧习的遗忘。只要学习焦虑强于生存焦虑，我们就不会想要改变旧习惯，并拒绝学习新知。

有人可能会说，为了学习新知必须提高我们的生存焦虑，但这样做只会增加我们的整体紧张感，因为学习焦虑的根源并没有消失。为了促进新知的学习，我们需要减少学习焦虑。我们需要发自内心地认可这种新的行为方式，意识到它值得学习、没有威胁性，并且我们有能力掌握。我们需要有人从旁指导、训练和支持我们来帮助我们度过最初的起步阶段。我们还需要确定在整个学习过程中，有足够的练习机

125

会。如果我们学习的内容与我们的文化观念大相径庭，那我们需要在一个相对安全的环境里来进行练习。如果我们害怕团队不赞成我们的决定，那么邀请整个团队一起来迎接学习的挑战往往效果最好。如果我们害怕失去自己目前的地位，就需要找到一些合适的理由来促使我们采取新的行事方式。

本书前面几章已经通过理论和实例阐述了为何要采用谦逊的问讯态度，接下来，就由读者来判断哪些内容可以引起自己的共鸣，哪些内容会对自己有所帮助。同时，我们也编写了相应的指南来帮助读者完成入门阶段。

抛弃旧习、学习新知的技巧

放慢步调，调整节奏

在接力赛跑时，运动员要加速至最高速度，再迅速减速到交接速度。在第 4 章中，我们讨论了充满个人主义和竞争的职场风气。在这种氛围之下，放慢节奏、观察分析自己和他人的情况以及调整自身行为可能有违直觉。对许多人来说，这与主流文化格格不入，甚至改变步伐来配合他人会被视作低效之举。在这种时候，我们应当思考一下生存焦虑，并通过学习焦虑测试等方式进行实验。我们是否有可能找到整个团队都能接受的工作节奏以提高整体的工作效率呢？在推进项目的过程中稍做暂停以反思哪些举措有效，又是否值得呢？哪些事情看起来效率较低而实际上并非如此呢？

快不等同于好

人们总是费尽心思，试图提高速度——这是美国商业和社会文化中一种相当常见的潜规则。比如在开发和生产某些类别的新产品／系统时，我们会全速生产其 1.0 版本，这样如果我们在第一版设计中发现了故障或错误，就能迅速迭代至 1.1 版本。这种"快速失败"的心态可能适用于开发软件或制造多种消费品，因为它们能迅速返工或重新制作，所以与其一开始就放慢速度把产品做到最好，还不如快速重做以获得更高的经济效益。

如果这种心态只作用在机器、微处理器、制造机器人、3D 打印机、算法和 AI 身上，那它也不失为一种高效的方法。毕竟这些智能助手虽然有"记忆"，但它们（目前）没有感觉。然而，当涉及人类时，这就并非良策了。原因在于，我们对自身以及与我们有关系的人怀有强烈的感情。虽然"快速失败"的模式非常适合注重成果、热衷教导的文化，但它不太适合有着询问和反思性思维的人类。你给机器人重设程

127

序，机器人丝毫不会在意，也不会感到被冒犯。但当你贸然对一位人类同事做出反应（无论是教导、责备、表扬，还是忽视），那位同事可能会在乎你的反应，甚至可能感觉受到了冒犯，并决定此后不会再与你共享信息。重建人际关系远比修复或调整算法或模型要慢得多。谦逊的问讯归根结底是一种先询问后反应的过程，加快这一过程可能导致人际关系的快速破裂，而人际关系并不能像计算机程序那样在一次次迭代中轻松地更新程序。

一味追求速度所带来的负面影响也体现在一些相对较为隐蔽的地方，它会掩盖新的可能性，使我们看不清事件所处的宏观背景，阻止我们去思考其他选项。相比之下，学习谦逊的问讯不是学习如何跑得更快，而是学习如何放慢速度，以便仔细观察并全面评估现实情境，确保接力棒的顺利交接。

设置与对方共同学习的时间，放慢与对方相处的节奏

如果完成任务需要与你依赖的同事建立新的关系，那么这个过程通常不会花费你很长的时间。将关系私人化可以是一起做一些工作以外的事情，比如下班后一同散步或吃饭，不一定是别出心裁的活动。但这种私人化的节奏可能与工作关系不同。任何经理或领导者都应该具备调节节奏的能力，

并允许组织内的其他成员参与私人化关系的构建活动。显然，高层领导与大型组织的成员之间很难进行长时间的个人接触。然而，你要展现出你作为上级的开放与灵活，欢迎他人——至少是你的直系下级或最紧密的合作伙伴——参与到私人关系的构建中来。在工作中首先建立起这种非结构化的关系，而不是立即开始处理手头的任务，这种做法听起来可能效率不高。然而，花时间建立人际关系，培养成员之间的开放和信任，这种信念上的飞跃在未来将促使整个团队更加高效地完成任务。

通过谦逊的自我问讯进行反思

只有能够充分厘清所处情境的本质、人际关系的现状以及此时此刻有何感受和想法（这一点最为重要），我们才能明了何时应该提出问题。在行动之前问问自己：我在想什么？我感觉如何？我想要什么？而如果想要安全有效地完成任务，那么找出以下问题的答案尤为重要：我需要依靠谁？谁需要依赖我？为了提高沟通质量，我需要改善与谁的关系？

多加练习，让思维更缜密

反思有助于培养缜密的思维。作为最早的一批正念冥想老师，埃伦·兰格（Ellen Langer）就曾指导领导者们思考偶然因素和近因之外的宏观背景。[9]花点时间想一想还发生了哪些事情，或者今天相较以往有何不同之处。这种思考能够拓宽我们的视野，使我们不再沉迷于问题或挑战本身。这样做并非要否认我们的直接感受，而是强调事物整体的结构与内部分化，以便站在更宏观的视角上看待问题。当我们用这种方式重新进行审视，可能就能从一种更积极的角度去看待原本的问题，例如把它视作机遇而非挑战。

谦逊的问讯需要对当前的情境进行持续的评估与把握，因此，问问自己目前还发生了哪些事情是进行有效询问的先决条件。拒绝反思，然后提出一连串缺乏情境意识的说服性或引导性问题，是无法解决当下的困难的。有些领导者作风强硬，一直依靠教导来进行管理，他们在反思后可能会发现自己有能力甚至也希望尝试不同的管理方法。比如他们可以去慰问直属下级："你今天有什么想法？能给我讲讲吗……"比起当天给下级安排更多工作，这种询问能够切实减轻手头工作带来的压力。

唤醒你心中的即兴艺术家

我们此前已经讨论过了，文化即便没有对我们的行为做

出强制性的要求，也在无形中设定了一种模板与规范。艺术
家们在创作剧本时需要细致的观察，以捕捉最微妙的细节。
这种细微的地方极易被旁人忽略，却是艺术创作的核心。相
反，商业化的习俗规范在传统意义上美化了直觉冲动和快速
行动。所幸当代领导力理论开始强调观察——尤其是演员、
画家和其他视觉艺术家在工作时不可或缺的观察力，从而摆
脱了商业成功取决于直觉和快速思考的神话。

　　谦逊的问讯能够帮助我们磨炼观察和对他人反应进行反
思的能力吗？能帮助我们唤醒内心深处的艺术家吗？人们被
迫参加艺术训练、角色扮演和即兴表演时往往会感到尴尬。
然而，几乎所有人都能在这些练习中收获身心的舒展。这种
收获与艺术成就无关，而是通过尝试新事物来挑战我们习以
为常的规矩并拓宽我们的视野。

　　对话被视作一门艺术，因此我们可以在这方面进行相应
的创新。"第二城"喜剧团是即兴喜剧界的巨头，培养了无
数世界知名的喜剧巨星和表演明星。这个剧团中流传着一
句非常简单的话，也非常适合用于谦逊的问讯，那就是"是
的，并且"（而不是"是的，然而"）。[10] 在"第二城"的情
境中，"是的，并且"是把话筒交给另一个人，让对方发言以
完成整个故事，收获观众的笑声。而在对话中以"是的，并

且"开始，而不是采用否定或转移话题的句子，能够促进关系的建立和对话质量的提高。"是的，并且"是通过自己的声音去放大对方的话语。"第二城"喜剧团的成员称此为一种探索和提升。[11] 如果你的第一反应是用"是的，并且"来回应，然后接着通过探索和提升来进行回应，那么对方就可以在你的基础上进一步探索和提升对话质量。

没有任何东西可以取代创造性活动，就算只是涂鸦、写日记，或者围坐在篝火旁无所顾忌地畅谈。与"是的，并且"相关的探索和提升能够创造丰硕的成果，即使这种成果很难取得立竿见影的效果，但是从整个学习过程中来看，也具有独特的长远效益。

在集体中学习

如果你已经学会了改变节奏和变得更加专注，你就需要找时间进行某种特定形式的反思，也就是去回顾和分析你刚刚做过的事。高效的团队往往会回顾已经做出的决定，看看从中可以学到些什么。即使是美国武装部队这样具有复杂等级制度的组织，也会强调复盘意识，以便从不同等级的人那里得到反馈。医院也会专门召开术后会议来复盘治疗过程，尤其是在诊疗出现问题的时候。

"优点 / 改变"的评价模式是反思过程的一种变体，可以突出显示进展顺利的内容（优点）和进展不顺、需要改进的内容（改变）。此类复盘为医疗系统的改进工作提供了宝贵的学习机会和经验。而此类复盘能够顺利进行，在很大程度上是因为领导者在复盘中暂时抛开了与等级和尊重有关的文化规则，甚至要求团队中等级最低的成员开诚布公地谈论他们对事情的看法。在这一过程中，领导者可以考虑将谦逊的问讯作为主要的提问形式，以便从每个人那里获得真实的见解。如果领导者从谦逊的问讯开始，鼓励所有的团队成员坚持"是的，并且"的理念，就可以大大增加集体学习和获得宝贵见解的机会。由此可见，团队成员要是都能观察和分享，会产生多么强大的能量。

总结

领导者，尤其是新上任的领导者，可能很难接受他们需要依赖下级和同事的事实。但其实，他们理应学会当下的谦逊，并以此为基础建立和加强高度信任和开放的人际关系。这种谦逊和我们的文化习惯大相径庭，是整个学习过程中最重要的内容。

上述建议又能如何帮助作为领导者的你应对诸多挑战呢？多反思，多留心，甚至可以在会议正式开始之前增加 10 分钟的签到时间，利用这个时间促进团队之间的协作互助。建立开放和信任的关系这一过程的不确定性较高，它可能进展飞快，也可能需要我们多付出一些时间。从本质上讲，建立积极关系是一种自然而然的个人行为——换言之，你心里很清楚该怎么做。如果一项任务需要双方合作才能成功，那么继续保持事务性质的关系并不是明智的做法。

多问问自己："我真的确定接下来该怎么做吗？我难道真的不需要采取谦逊的问讯态度吗？"情境意识可以帮助领导者确定自己是否真的有解决方案以及能否据此对他人进行教导。同时，谦逊的问讯可以增强领导者和管理者对信息的敏感度。而在这个过程中，最大的挑战是学会自己主动去发现那些你不应该采取教导的方式与人沟通的时刻。在当今时代，结合语境，通过不断问讯寻得真相，早已成为人们生活中不可或缺的一项技能。

注释

1. Johansen, B. (2020) *Full Spectrum Thinking: How to Escape Boxes in a Post-categorical Future*. Oakland, CA: Berrett-Koehler.

2. Edmondson, A. C. (2012) *Teaming: How Organizations Learn, Innovate, and Compete in the Knowledge Economy*. San Francisco, CA: Jossey-Bass/Wiley. Schein, E. H. (2009) *Helping: How to Offer, Give and Receive Help*. Oakland, CA: Berrett-Koehler.

3. Potter, S. (1951) *Gamesmanship*. New York: Holt. Potter, S. (1952) *One-Upmanship*. New York: Holt.

4. Bailyn, L. (2006) *Breaking the Mold: Redesigning Work for Productive and Satisfying Lives*. Ithaca, NY: Cornell University Press.

5. Edmondson, A. C. (2012) *Teaming: How Organizations Learn, Innovate, and Compete in the Knowledge Economy*. San Francisco, CA: Jossey-Bass/Wiley.

6. 作者在《谦逊的领导力》（2019）中引入了"人格化"一词，促使人们关注建立二级关系时使用的特定沟通方式，并指出"谦逊的问讯"可能是人格化的最佳体现。

7. Luft, J. (1961) "The Johari Window." *Human Relations Training News* 5 (1), pp. 6–7.

8. 关于认知偏差的大量研究及相应概述参见：McRaney, D. (2011) *You Are Not So Smart: Why You Have Too Many Friends on Facebook, Why Your Memory Is Mostly Fiction, and 46 Other Ways You're Deluding Yourself.* New York: Gotham Books. See also Ariely, D. (2008) *Predictably Irrational: The Hidden Forces That Shape Our Decisions.* New York: Harper.

9. Langer, E. (1997) *The Power of Mindful Learning.* Reading, MA: Addison-Wesley.

10. Leonard, K., and Yorton, T. (2015) *Yes, And: How Improvisation Reverses "No, But" Thinking and Improves Creativity and Collaboration.* New York: HarperCollins.

11. Leonard and Yorton, ibid. p. 40

小组讨论指南和练习

一般讨论题

第 1 章

研究生被他年幼的女儿打断思路的例子容易引发人们的共鸣，原因很简单，我们都有过类似的经历。我们可以分小组讨论，回忆自己遇到过的类似的情况。不难发现，这些情况的共同之处在于我们要么反应过度，要么反应欠妥。这是为什么呢？是我们的成长环境、我们的宏观文化所致，还是生活的压力让我们变得烦躁不安了呢？当我们认识到谦逊的问讯逻辑有多么清晰时，我们又如何理解非理性的下意识反应呢？

第 2 章

对比一下"发生了什么事？"与"一切顺利吗？"这两个不同的问题，一个是开放式的，另一个是封闭式的。为什么要做这种区分呢？因为第二个问题可以用简单的"是"或"否"来回答，所以它可能对于建立信任和开放的关系没有帮助。有哪些开放式问题看起来像是建立关系的邀请，有哪些封闭式问题可能会导致我们错失良机，无法获得任何进展，甚至以一个字来结束谈话呢？

第 3 章

本章含有一项隐藏挑战：虽然我们认为谦逊的问讯是最理想的提问形式，但在许多情况下，过程导向式问讯以及诊断式甚至面质式问讯也可能行之有效。讨论和思考过程导向式问讯、诊断式问讯甚至面质式问讯在哪些情况下能起到作用。你能给出相关依据吗？

第 4 章

对于以成果为导向和热衷教导的文化，关键在于我们如何看待它。你是否同意这一点？有些人可能将其视为完成任务并展示个人成功的文化，或者快速失败并持续改进的文化。这种文化是以命令与控制为中心的吗？有权力的人会竭力维护他们的权力而不肯反省吗？这些描述或许都是正确的。你希望在什么样的文化背景下取得成功呢？在这种文化背景下，谦逊的问讯态度有多重要呢？如果在该文化背景中谦逊的问讯态度并不重要，那么采取哪种态度可能更容易获得成功？

第 5 章

在讨论过教导和问讯的区别之后，我们探讨事务性关系和私人关系之间的区别。我们所持的观点中暗含着这样一个主张：私人（个人）关系能让我们在应对各种任务和挑战时，展现出更大幅度的灵活性和适应性。或者你能想出反例吗（哪怕只有一个）？对于事务性关系更适合现在和未来职场这一观点，是否有例证呢？尝试制作一张任务和职业表，分别列出一级事务性关系（左栏）与二级私人关系（右栏），并分别填入两种关系能够发挥作用的任务和职业。

第 6 章

与已经获得你的信任的朋友或同事组队，一起回顾乔哈里视窗的相关内容。首先，你们每个人都倾向于向对方隐瞒哪些方面的信息？其次，你们在彼此身上看到了哪些信息，你们认为对方看不到哪些信息？（除非你们双方都想更多地了解彼此，并且愿意在人际关系和文化上承担一些风险，否则不要尝试该建议。）

第 7 章

由于我们每个人都犯过 ORJI 循环中所列举的错误，所以我们要找出循环中最有可能"抢跑"并导致后续犯下更大错误的环节，这才是关键。找出一组对话效果不佳的情境，并重建循环以找出究竟是哪一个环节出现了问题。然后进一步回溯，以便确认错误是否发生在整个循环中更早期的环节。这种重建和分析的结果通常都会表明真正的问题源于我们的认知偏差。

第 8 章

找出作为动力的生存焦虑和作为阻力的学习焦虑之间的关键区别。问问自己为什么不尽可能多地使用谦逊的问讯。它是否让你害怕或进行得不顺利？你是否没有搞清楚自己所处的情境，还是你不想花时间进行谦逊的问讯？如果你不采取谦逊的问讯态度，那么你在不久的将来是否可能会遭遇不顺或者失败呢？

谦逊的问讯的 12 个小案例

谦逊的问讯态度适用于多种不同的情境，而要养成这种态度，最重要的是要有**情境意识**，即每次谈话时都要明确自己的目的并使其符合当前的情境。你的目的可能只是搜集信息、寻乐，或者试图说服某人相信某事；你也可能在尝试建立一段关系，或者拨开迷雾、寻找真相。那么你接下来所做的一切都将成为干预，即使你只是一个沉默的观察者，你也会或多或少地向谈话中的其他人透露自己的用意。留心你所说的话带来的不同结果会对你大有裨益。

下面我们给出了 12 种情境，请思考你在这些情境下会说什么，并在空白处写下来。完成后，阅读参考答案，思考其与谦逊的问讯概念有何关联。然后，你可以将自己的答案与各种备选答案进行比较。

这不是测试，也不会有人给你打分。我们只是为你提供一个观察并更加注意自己言行的机会。

1. 你和你的老伴都已年过六旬，晚饭时他对你说："我们今晚可以出去看电影，或者去酒吧。"

你会如何回答？

2. 你是一名学龄儿童的家长，现在一家人快吃完饭了，孩子正准备做作业和看书。此时，孩子对你说："妈妈（或爸爸），你能帮我看一下数学作业吗？"

你会怎么说？

3. 你和朋友正在一起喝酒，你们的伴侣也在聚会。此时，朋友开口说道："我和我的伴侣之间一直有点问题。他似乎从不听我说话，也不在乎我说了什么。"

你会怎么说？

4. 一位患者按约定时间就诊，他的问题有点麻烦——虽然病情没那么严重，但他得定期复查。没过多久，医生就来了。现在你是医生，问诊开始了。

你会说什么来展开话题呢？

5. 你是一名经理，正在主持一项团队会议，并且需要在会议上通报团队的项目进度，你隐约意识到你的团队落后了，但完全不知道问题出在哪儿。现在会议刚刚开始。

你会怎么说？

6. 你想为自己的一位直属下级分配新的工作任务，但你不确定对方是否会带着饱满的热情接受这项新任务。虽然在你看来这是一次晋升的好机会，但是你依然不能确定下级的想法。

你会如何布置任务？

7. 你的配偶告诉你："今天下午我和邻居大吵了一架。"

你会怎么说？

8. 你的团队在每周员工会议中的参与度明显降低，而你不确定原因是什么。作为团队成员之一，你对此十分担心。现在你正在开会，而老板并不在场。

你会说什么或做什么？

9. 你的老板把你叫到办公室，告诉你团队项目的新计划。你发现新计划中存在一些不足之处。

你会怎么说？

10. 在员工会议上，你的一位同事故意歪曲陈述你的工作，想要借此抬高自己。你准备和他对质。

你会怎么说？

11. 你知道你领导的一个产品团队在新产品开发方面进度落后。你想知道发生了什么，但你不确定团队是否会告诉你真相。

你会怎么说？

12. 你刚刚被提拔到一个项目组当经理。虽然你已经通过简历了解了其他团队成员，但现在是你与他们第一次进行面对面会谈。他们都在会议室等你。此时，你走进会议室。

你会怎么说？

参考答案

我们给出了一些参考答案，但它们并非唯一正确的答案，我们旨在说明谦逊的问讯与我们在本书中讨论的其他问讯方法之间的区别。你可以盖住右侧内容，看看就我们对不同的回复所做出的评价，你是否赞同。

再次强调，本次练习的目的不是打分，而是鼓励读者思考自己在不同的情境中应该如何反应。

1. 你和你的老伴都已年过六旬，晚饭时他对你说："我们今晚可以出去看电影，或者去酒吧。"你会如何回答？

"你应该是想出去走走吧。抱歉，我还有些工作要做，或许改天……"	教导式回应
"没问题，我也想和你出去走走，不过你为什么想去看电影呢？"	诊断式问讯（同化）
"没问题，不过我很好奇，你是单纯想看电影呢，还是只是想出去逛逛，或者你还有其他想法？"	谦逊的问讯（弄清事情的原委）

2. 你是一名学龄儿童的家长，现在一家人快吃完饭了，孩子正准备做作业和看书。此时，孩子对你说："妈妈（或爸爸），你能帮我看一下数学作业吗？"你会怎么说？

"给我看看吧。好的，这个题应该这么解……"	教导式回应
"等会儿吃完饭我们一起看一看……"	谦逊的问讯（尝试弄清事情的原委，孩子的问题是否只和数学有关呢？）
"你又遇到问题了？看起来长除法真的难倒你了。但只要掌握了诀窍，你就能发现其中的趣味。"	面质式问讯（假设孩子的问题确实与数学有关）

3. 你和朋友正在一起喝酒，你们的伴侣也在聚会。此时，朋友开口说道："我和我的伴侣之间一直有点问题。他似乎从不听我说话，也不在乎我说了什么。"你会怎么说？

"啊，真为你感到难过，你能具体讲讲吗？"	富有同情心的谦逊的问讯（找出事情的原委）
"你确定现在要说这些吗？"	过程导向式问讯（我们的关系到了可以谈论家事的程度了吗？）
"你有和他说起过你的感受吗？"	面质式问讯（隐晦地教导，擅自给对方提建议）
"我给他打个电话让他出来，你直接当面和他说。"	直接的教导

4. 一位患者按约定时间就诊，他的问题有点麻烦——虽然病情没那么严重，但他得定期复查。没过多久，医生就来了。现在你是医生，问诊开始了。你会说什么来展开话题呢？

"最近有新的症状吗？"	诊断式问讯
"你有按照我们上次制订的饮食和锻炼计划执行吗？"	教导
"最近过得怎么样？最近在忙什么呢？"	谦逊的问讯（弄清事情的原委）

5. 你是一名经理，正在主持一项团队会议，并且需要在会议上通报团队的项目进度，你隐约意识到你的团队落后了，但完全不知道问题出在哪儿。现在会议刚刚开始。你会怎么说？

"我们要尽快解决这些尚未完成的任务，否则就麻烦大了。蒂姆，你大概要有的忙了……"	教导
"我们来看一下每个人的进度报告。蒂姆，你的任务表上销售人员储备一栏还未完成，你能给大家讲讲你接下来准备怎么推进这个任务吗？"	诊断式问讯（同化） 专注其中一名成员
"我们今天要把很多细节过一遍，我希望大家能够先花点时间，讲讲你们手头的关键任务进展如何。"	谦逊的问讯（创设人际交互情境，让大家共同讨论问题的根源）

6. 你想为自己的一位直属下级分配新的工作任务，但你不确定对方是否会带着饱满的热情接受这项新任务。虽然在你看来这是一次晋升的好机会，但是你依然不能确定下级的想法。你会如何布置任务？

"我准备把你调到 ×× 部门。你在那边的职位会比现在高，所以你其实是升职了。我希望你能够像我一样好好努力！"	教导
"我要交给你一项新任务。我认为这其实是一次升迁的好机会，意义重大。所以，你愿意调到 ×× 部门吗？"	诊断式问讯（看对方是否会表示否定和拒绝）
"你最近的工作怎么样？一切还顺利吗？你想不想尝试一些新的东西？你对其他部门的工作有兴趣吗？"	谦逊的问讯（寻找合适的人选，弄清楚直接动机）

7. 你的配偶告诉你："今天下午我和邻居大吵了一架。"
你会怎么说？

"他们又抱怨我们的新栅栏了？"	教导（以问题的形式）
"那你吵赢了吗？"	面质式问讯
"给我详细讲讲……"	谦逊的问讯（让配偶能够放心地宣泄情绪）

8.你的团队在每周员工会议中的参与度明显降低，而你不确定原因是什么。作为团队成员之一，你对此十分担心。现在你正在开会，而老板并不在场。你会说什么或做什么？

"我觉得我们最近还不够努力，来一起想点办法吧！"	明显的教导
"大家对最近几期会议有什么看法？"	谦逊的问讯（让大家能够袒露心扉），但要注意别陷入情绪的旋涡而没有任何实质性的改进——这会使会议变成毫无成果的空谈
"我感觉我们需要加把劲了，有人有同样的感受吗？"	诊断式问讯

9. 你的老板把你叫到办公室，告诉你团队项目的新计划。你发现新计划中存在一些不足之处。你会怎么说？

"我感觉这个计划似乎有些问题，我们能进一步谈谈吗？"	谦逊的问讯（抓住机会提出自己的疑虑）
"嗯，听上去没什么问题……"	教导（你本可以指出问题，但这会让你丧失心理上的安全感）
"我目前还不太确定，其他人怎么说？"	诊断式问讯（相对安全稳妥）

10. 在员工会议上，你的一位同事故意歪曲陈述你的工作，想要借此抬高自己。你准备和他对质。你会怎么说？

（和这位同事进行一对一的谈话）"你为什么会那么说我？你也知道你的那些话会对我造成负面影响，对吧？你这么说让我感觉自己受到了威胁。我们要解决一下这个事情，你觉得怎么处理比较好？"	过程导向式问讯（证明情绪的合理性，吐露自己的真实感受）
（在这位同事主持的团队会议上）"我觉得你刚才的发言有些问题。你是从哪得到这些数据的？你的数据和我这边的数据不相符，你事先验证过吗？"	面质式问讯（嘲讽对方以挑起冲突）
（在团队会议上）"你为什么那么说，我们能复盘一下吗？"	谦逊的问讯以及过程导向式问讯（创设人际交互情境，让大家共同讨论问题的根源）
（在这位同事主持的团队会议上）"你的数据有误。你的数据比我的高太多了，这不符合实际。我就直说了吧，你数据造假。"	教导

11. 你知道你领导的一个产品团队在新产品开发方面进度落后。你想知道发生了什么，但你不确定团队是否会告诉你真相。你会怎么说？

"我们的新产品开发进度似乎落后于预期。我现在需要知道进度落后的原因并向部门副总裁进行汇报。你们能告诉我到底是怎么回事吗？"	面质式问讯（需要知道问题所在）
"比起工作进度，我更关心我们如何作为一个团队一起工作。我们都清楚新产品开发的进展情况，我会代表咱们团队去见部门副总裁。"	谦逊的问讯（弄清楚事情的原委并主动担起责任）
"要是新产品不能如期上市，我们的工作就都保不住了。赶紧把进度赶上来。"	教导

12. 你刚刚被提拔到一个项目组当经理。虽然你已经通过简历了解了其他团队成员，但现在是你与他们第一次进行面对面会谈。他们都在会议室等你。此时，你走进会议室。你会怎么说？

"嗨，我叫乔 / 琼·史密斯，上边派我来接管这个项目。我已经查看了你们所有人的简历，所以我知道你们是一支很棒的团队。我们即将负责一个重要项目，这次任务颇具挑战性，所以我很期待能与大家一起工作。我们轮流做个简短的自我介绍，然后开始今天的工作。"	直接教导（丝毫没有表现出对团队成员的兴趣）
"大家好，很高兴终于和大家见面了。叫我乔 / 琼就可以，我很荣幸能与大家一起参与这个重要的项目，原因如下：……（解释原因）我们不妨从那边开始，轮流说说这个项目的哪一点吸引了你。如果你愿意，也可以介绍下自己的个人信息，这样我们就能对彼此有个了解。"	复杂的谦逊的问讯（展示自己的同时邀请他人共享个人信息，以判断团队成员是否敢于敞开心扉）

（续）

"大家好，很高兴终于和大家见面了。我们现在是一个团队了，所以我想听听你们对于目前的工作有何看法，能给我简单说一说吗……"	诊断式问讯（假设所有团队成员都具有足够的安全感，愿意畅所欲言）
"大家好，很高兴终于和大家见面了。我刚刚来，还有很多不懂的地方，你们愿意帮我补补课吗？我想知道团队之前的情况，最近的进展，还有我能帮你们做些什么……"	单纯的谦逊的问讯（处于高位的负责人明显把自己放在相对弱势的位置上）

致谢

　　作为修订版的合著者，我们二人想要再次感谢为本书第 1 版提供帮助的各位，尤其是 Daniel Asnes，Karen Ayas，Lotte Bailyn，David Coughlan，Tina Doerffer，Jody Gittell，Tom Huber，Mary Jane Kornacki，Bob McKersie，Philip Mix，Joichi Ogawa，Jack Silversin，Emily Sper，John Van Maanen，Ilene Wasserman。同时，我们还要感谢 Bob Johansen 对未来形势的敏锐洞察。当然，还要感谢 Berrett-Koehler 的审稿人，他们为本次修订提供了诸多详评和建议。

　　本书的概念和想法多半源于过去的实践经验，因此我们也要感谢我们的客户。他们的故事很好地说明了谦逊的问讯在当今世界有多么重要。我们对美国复杂的医疗系统中的领导者和创新者深表感激，尤其是斯坦福医疗中心（Stanford Health Care）。我们与各种组织都有过合作，但要说什么组织面临的考验最严峻，那必然是新冠疫情期间的医疗组织。

医护工作者每分每秒都站在交叉路口，是实验新疗法还是遵照以往的程序，是果断做出决定还是更加关怀病人，是选择已知的未知还是未知的未知，这些问题都等着他们来回答。他们谦恭地照顾每一位面临生死挑战的患者。他们为人们提供医疗救护，但也许更重要的是，他们是在全力为人类提供富有人文主义关怀的医疗服务。

最后，我们要感谢我们身边的朋友、客户和陌生人，感谢他们让我们明白了说教是多么无济于事。更重要的是，他们让我们体会到了使用谦逊的问讯来帮助他人、引导他人前进是一种多么美妙的体验。

埃德加·沙因

彼得·沙因

加利福尼亚州帕洛阿尔托，2020 年 9 月

作者简介

埃德加·沙因是麻省理工学院（MIT）斯隆管理学院的名誉教授。他曾在芝加哥大学、斯坦福大学和哈佛大学求学，并于1952年获得社会心理学博士学位。他在沃尔特里德研究所工作了四年，然后加入麻省理工学院并任教至2005年。他出版了大量著作，包括《组织心理学》（*Organizational Psychology*，1980年第3版）、《过程咨询Ⅲ：建立协助关系》（*Process Consultation Revisited*，1999年）、《职业动力学》（*Career Dynamics*，1978年），与约翰·万·曼伦合著的《职业锚》（*Career Anchors*，2013年第4版）。他还写了一本针对新加坡经济奇迹的文化分析著作——《战略实用主义》（*Strategic Pragmatism*，1996年）和一本关于数字设备公司（DEC）兴衰的书《DEC已死，DEC万岁》（*DEC Is Dead; Long Live DEC*，2003年）。埃德加·沙因和他的儿子彼得·沙因合著了许多论文和书籍，包括《组织文化与领导力》（*Organizational Culture and Leadership*，2017 年第 5 版）、《谦逊领导力》（*Humble Leadership*，2018 年，荣获鹦鹉螺图书奖银奖）和《企业文化生存与变革指南》（*The Corporate Culture Survival Guide*，2019 年第 3 版）。

2009 年，埃德加·沙因出版了《恰到好处的帮助》（*Helping*），这本书提出了提供和接受帮助的一般理论和实践方法。随后，他于 2013 年出版了第 1 版《谦逊的问讯》，该书获得了圣迭戈大学领导力系颁发的 2014 年领导力书籍奖。2016 年，他出版了《谦逊的咨询》（*Humble Consulting*），修订了有关咨询和指导方法的模型，并与他的儿子彼得·沙因一起在他们的组织文化与领导力研究所（OCLI.org）开展各种项目。

同时，埃德加·沙因也是 2009 年美国管理协会颁发的卓越学者 - 实践家奖的获得者，并在 2012 年获得国际领导力协会终身成就奖，于 2015 年获得国际组织发展网络协会组织发展终身成就奖。此外，他还拥有斯洛文尼亚 IEDC 布莱德管理学院的荣誉博士学位。

彼得·沙因是位于加利福尼亚州门洛帕克的组织文化与领导力研究所的联合创始人兼 COO。他向全球私营和公有企业的高级管理层提供咨询，主要解决组织发展所面临的种种挑战。他是第 5 版《组织文化与领导力》(2017 年)的特约作者,也是《谦逊领导力》(2018 年)和《企业文化生存与变革指南》(2019 年第 3 版)的合著者。

彼得·沙因在技术先驱公司的营销和企业发展规划岗位上积累了 30 年的从业经验。在职业早期,他曾在太平洋贝尔公司(Pacific Bell)和苹果公司(Apple)参与新产品的开发工作,也曾在硅图公司(Silicon Graphics, Inc.)、Concentric网络公司(XO Communications)和 Packeteer(Blue Coat)负责产品的开发工作。此后,彼得在 Sun Microsystems 工作了 11 年,从事企业发展和战略规划工作,负责高增长生态系统的投资。他推动了公司对技术创新企业的收购,这些收购过来的技术最终在 Sun Microsystems 发展成为高价值产品线。因为有着制定针对性新战略以及将较小的公司并购为大公司的经验,彼得非常关注这种增长给创新驱动型企业的组织发展所带来的潜在挑战。

彼得曾就读于斯坦福大学(以优异成绩毕业,获得社会人类学学士学位)、西北大学(凯洛格工商管理硕士,市场营销和信息管理方向)和南加州大学马歇尔商学院(获得HCEO 证书)。